Nancy J. Patrick

Soziale Kompetenz für Teenager und Erwachsene mit Asperger-Syndrom

dgvt Verlag

Nancy J. Patrick

Soziale Kompetenz für Teenager und Erwachsene mit Asperger-Syndrom

Ein praktischer Ratgeber für den Alltag

Übersetzt aus dem Englischen und
deutsche Bearbeitung von Anja Graf

dgvt Verlag
Tübingen
2011

Aus dem Amerikanischen übersetzt von Anja Graf

Die Originalausgabe erschien unter dem Titel: Social Skills for Teenagers and Adults with Asperger Syndrome
A Practical Guide to Day-to-Day-Life

This translation of Social Skills for Teenagers and Adults with Asperger Syndrome is published by arrangement with Jessica Kingsley Publishers Ltd., London

Bibliografische Information der Deutschen Nationalbibliothek
Die Deutsche Nationalbibliothek verzeichnet diese Publikation in der Deutschen Nationalbibliografie; detaillierte bibliografische Daten sind im Internet über http://dnb.d-nb.de abrufbar.

Im Sudhaus
Hechinger Straße 203
72072 Tübingen

E-Mail: dgvt-Verlag@dgvt.de
Internet: www.dgvt-Verlag.de

Umschlaggestaltung: Jens Vogelsang, Aachen
Layout: VMR, Monika Rohde, Leipzig
Belichtung: KOPP – desktopmedia, Nufringen
Druck: Druckerei Deile GmbH, Tübingen
Bindung: Nädele Verlags- und Industriebuchbinderei, Nehren

ISBN 978-3-87159-256-0

Dieses Buch ist den Teenagern und Erwachsenen
mit Asperger-Syndrom gewidmet,
die einfach nur verstanden werden möchten
und verstehen wollen.

Inhalt

Einleitung: Das Asperger-Syndrom und die Erfahrungen von Teenagern und Erwachsenen

In diesem Buch beschreiben wir praktische Strategien, die insbesondere Teenager und Erwachsene mit Asperger-Syndrom (AS) helfen können, die sozialen Kompetenzen zu verbessern. Es ist aber auch für Menschen geeignet, die etwas über AS und die Auswirkungen von AS auf soziale Situationen lernen möchten, und für diejenigen, die Strategien suchen, um einen Teenager oder Erwachsenen zu unterstützen, der im sozialen Bereich Fortschritte machen möchte.

Die hier vorgestellten Lösungswege basieren auf Erkenntnissen, die den Lebensgeschichten von Erwachsenen mit AS und Autismus entstammen. Diese Kurzberichte zeigen deutlich, dass der soziale Wendepunkt zumeist das Resultat einer genauen Selbstbeobachtung, Selbstüberprüfung und Analyse und der praktischen Umsetzung persönlicher Strategien und deren fortlaufender Bewertung ist.

In ihrem Buch *Unwritten Rules of Social Relationships: Decoding Social Mysteries through the Unique Perspectives of Autism* berichtet Temple Grandin, dass sich „ihre Fähigkeit, in der Welt zurechtzukommen und soziale Beziehungen aufzubauen, ausschließlich durch ihren Intellekt und ihre Visualisierungsfähigkeit entwickelt hat – indem sie zu einer sehr guten ‚sozialen Detektivin' wurde" (Grandin & Barron, 2005, S. 31). In dieser Rolle als soziale Detektivin beobachtete Prof. Grandin ihre soziale Umwelt, merkte sich die relevanten Details der jeweiligen sozialen Situation und speicherte die Beobachtungen in ihrem Gedächtnis, um in der Zukunft darauf zurückgreifen zu können. Diese Beobachtungen ermöglichten es ihr, ein Verständnis der sozialen Welt sowie persönliche Strategien zu entwickeln, um mit sozialen Situationen besser umgehen zu können. Erst als Erwachsene besaß sie genügend Informationen und Daten, um ihre Beobachtungen angemessen interpretieren zu können. Mit zunehmender Reife und einem größer werdenden Erfahrungsschatz konnte sie persönliche Fortschritte erzielen.

Koautor Sean Barron berichtet, dass sein sozialer Wendepunkt eintrat, nachdem er viele Jahre lang „zugehört, absorbiert, beobachtet und Fragen gestellt hatte, um seine Naivität zu verlieren und Einsichten in die menschliche Natur zu gewinnen" (Grandin & Barron, 2005, S. 78). Er beschreibt seine Erfahrungen mit Autismus als einen schmerzhaften Prozess. Er hatte sich schon immer eine soziale Verbundenheit mit anderen Menschen gewünscht, was ihm jedoch wegen seiner Ängste und seiner Unfähigkeit, die sozialen Intentionen anderer zu interpretieren, nicht gelang. Sein Selbstvertrauen und seine Gelassenheit in sozialen Situationen waren keine Eigenschaften, die er durch ein einziges Aha-Erlebnis erwarb, sondern die sich nach und nach als das Resultat eines Prozesses einstellten (Grandin & Barron, 2005). Der Prozess war langsam und schwierig, aber mit kontinuierlicher Hilfe seiner Eltern machte er Fortschritte. Diese Vorgehensweise funktionierte für Barron gut, er schreibt:

> Glücklicherweise sind die sozialen Verbindungen, die ich mir beim Heranwachsen so sehnlich gewünscht habe, zustande gekommen. Meine Beziehung zu meiner Familie ist außergewöhnlich. Ich habe ein Netzwerk wunderbarer Freunde, einen Job als Zeitungsreporter, der mich auf intellektueller Ebene befriedigt, und eine Beziehung mit einer Frau, die ich seit 2003 kenne. Alle Menschen in meinem Leben beeinflussen mich in positiver Weise. (Grandin & Barron, 2005, S. 82)

Von diesen Autoren lernen wir, dass es ein langsamer Prozess der kontinuierlichen Verbesserung ist, herauszufinden, wie man sich sozial kompetent verhält. Es gibt keine plötzlichen Durchbrüche, und soziale Fertigkeiten können nicht durch ein einzelnes Lernprogramm erworben werden (Grandin & Barron, 2005, S. 36). Soziale Beziehungen sind zu unterschiedlich und komplex, „als dass man sie in eine allgemeingültige mathematische Formel umwandeln könnte“ (ebd., S. 102).

In der Vergangenheit mussten Kinder und Jugendliche soziale Fertigkeiten und Verhaltensweisen oft ohne Sinn und Zusammenhang lernen. Das hat sich inzwischen glücklicherweise geändert. Soziale Werte und Anforderungen ändern sich sehr schnell, z. B. durch neue Technologien, die es zunehmend mehr Menschen ermöglichen, miteinander zu kommunizieren. Dafür müssen allerdings auch immer wieder neue Fertigkeiten erworben werden.

Früher wurden zu Hause die gleichen sozialen Fertigkeiten und Verhaltensweisen vermittelt und erwartet wie in der Schule und am Arbeitsplatz, aber das hat sich geändert. Kinder müssen ihre Eltern nicht mehr so formell und respektvoll anreden wie ihre Lehrer, und andersherum bringen sie manchmal ihren Lehrern nicht mehr den gleichen Respekt entgegen wie ihren Eltern. Beispielsweise gilt nicht mehr, dass Teenager und Erwachsene unter keinen Umständen fluchen dürfen. Unter Umständen ist es zu Hause oder in der Schule erlaubt, nicht jedoch am Arbeitsplatz.

Unstimmigkeiten bezüglich sozialer Maßgaben sind häufig in der Fernsehwerbung zu sehen. In einer Verkaufskampagne einer internationalen „Power Drink“-Firma wurde das Foto eines berühmten Sportlers verwendet, der seine Zunge rausstreckt, um das Produkt zu vermarkten. In vielen Gesellschaftsgruppen wird das Rausstrecken der Zunge aber als unhöflich oder unreif angesehen. Dieses Werbe-Image vermittelt widersprüchliche Inhalte an Menschen, die Schwierigkeiten haben, angemessenes soziales Verhalten zu verstehen. Aber natürlich zieht das Rausstrecken der Zunge die Aufmerksamkeit auf sich, und das ist es, was man erreichen möchte, dass sich die Leute an ein bestimmtes Produkt erinnern. Leider kann das jedoch zu einem Problem für das Kind, den Teenager oder Erwachsenen werden, der dann in der Schule oder am Arbeitsplatz einfach seine Zunge rausstreckt, um „cool" zu sein oder „dazuzugehören".

Da sich die sozialen Regeln in allen Lebensbereichen kontinuierlich verändern, ist es unmöglich, die sozialen Anforderungen jeder einzelnen Situation zu vermitteln. Daher gibt es in diesem Buch keine feste Liste sozialer Fertigkeiten, sondern es sollen vor allem Kompetenzen entwickelt oder verbessert werden, mit denen Menschen mit AS die sozialen Anforderungen ihrer Familie und ihres sozialen Umfelds erkennen und bewältigen können. Wir arbeiten dabei mit der Methode der versierten Beobachtung, der Selbstüberprüfung und Analyse, des Anwendens persönlicher Strategien und der kontinuierlichen Evaluierung.

Wenn Sie ein Teenager oder Erwachsener mit AS sind, können Sie sich an dieser Stelle folgende Fragen stellen:

- Warum soll ich mich überhaupt verändern?
- Warum können mich die Menschen nicht so akzeptieren wie ich bin?
- Warum können sich nicht die anderen Menschen verändern?
- Ist es nicht der Sinn der ganzen Öffentlichkeitsarbeit und Interessenvertretung im Behindertenbereich, die Allgemeinheit dazu zu ermutigen, toleranter zu sein und Unterschiede zu begrüßen?
- Ist es nicht wichtig zu erkennen, dass manche Menschen eben anders denken und andere Verhaltensweisen haben, und sollte die Welt nicht, wie im Fall von AS, eher lernen, „neurologische Vielfalt" (engl.: *neurodiversity*) zu akzeptieren?

Es gibt verschiedene Antworten auf diese Fragen. Ja, die Welt ist durch bunte Vielfalt ein besserer Ort; gleichzeitig ist es eine Tatsache, dass wir alle für unsere Entscheidungen, Verhaltensweisen und deren Konsequenzen verantwortlich sind. Wenn Ihre soziale Kompetenz schlecht entwickelt ist und sich störend auf Ihre Interaktionen und Beziehungen zu anderen auswirkt, können Sie Strategien erlernen, sie zu verbessern. Wenn Sie das bereits in der Vergangenheit versucht haben und dabei gescheitert sind, bedenken Sie, dass Fortschritte manchmal nur langsam eintreten, und in vielen Fällen treten deutliche Veränderungen erst im frühen oder mittleren Erwachsenenalter ein. Lassen Sie sich trotzdem nicht entmutigen, denn viele Teenager und Erwachsene mit AS konnten durch langsame, aber kontinuierliche Fortschritte ihre soziale Kompetenz verbessern. Das kann zu guten Ergebnissen führen, wie z. B. einen befriedigenden Job zu finden, den man langfristig behält, ein selbstständiges Leben zu führen oder relevante Beziehungen aufzubauen. Die Entscheidung, sich nicht um eine bessere soziale Kompetenz zu bemühen, hat hingegen eher negative Auswirkungen wie z.B. Arbeitslosigkeit, Unterbeschäftigung, verstärkte Abhängigkeit von anderen und Isolation.

Mit einer Behinderung zu leben, entbindet uns nicht von der Verantwortung für unser eigenes Verhalten. Verhaltensweisen, die andere Menschen verletzen oder z.B. die Produktivität am Arbeitsplatz beeinträchtigen, werden von der allgemeinen Öffentlichkeit nicht akzeptiert. Eine Verbesserung oder Erweiterung des sozialen Bewusstseins und der sozialen Kompetenz kann dagegen viele positive Konsequenzen haben.

Natürlich ist es schwierig, Verhaltensweisen zu verändern. Veränderungen treten nicht automatisch ein. Wir wissen jedoch aus den Lebensgeschichten von Erwachsenen mit AS und Autismus, dass Fortschritte möglich sind. In diesem Buch wird der Fortschritt zum Ziel gesetzt, nicht die Perfektion.

Es bedarf der Unterstützung von anderen, um Schwierigkeiten zu überwinden. Sean Barron (Grandin & Barron, 2005) hat seine Eltern als wichtige Mitwirkende bei seinen sozialen Fortschritten genannt. Als er bereit war, Lösungswege für sein Anderssein zu erforschen und zu entwerfen, halfen ihm seine Eltern, indem sie seine Fragen beantworteten und ihm die nötige soziale Perspektive vermittelten, die in seinem eigenen Repertoire sozialer Kompetenzen fehlte. Das vorliegende Buch ist auch für Eltern, Geschwister, Großeltern, Lehrer, Betreuungspersonen und Therapeuten gedacht, die Menschen dabei unterstützen möchten, in ihrem Alltagsleben Verbesserungen zu erzielen.

Ein Grundprinzip des Instruktionsdesigns sagt aus, dass Lernen immer ein gewisses Vorwissen voraussetzt, ein geistiges Schema, „das einen sinnvollen Rahmen bietet, innerhalb dessen neuer Lehrstoff verstanden, interpretiert und angewandt werden kann“ (Zook, 2001, S. 5). Dieser sinnvolle Rahmen kann durch ein allgemeinverständliches Fundament und Vokabular geschaffen werden. Erfolgreiches Lernen im Bereich sozialer Kompetenzen beginnt mit einem Grundverständnis des Asperger-Syndroms.

Was ist das Asperger-Syndrom?

Das Asperger-Syndrom (AS) ist eine von mehreren Entwicklungsstörungen, die zusammengefasst als Autismus-Spektrum-Störungen bezeichnet werden (Klin, Volkmar & Sparrow, 2000). Menschen, die mit AS leben, zeigen qualitative Beeinträchtigungen der sozialen Interaktionen in Verbindung mit der Tendenz zu beschränkten und stereotypen Verhaltens-, Interessen- und Aktivitätsmustern (American Psychiatric Association, 2000).

Die Beeinträchtigung der sozialen Interaktionen tritt in verschiedenen Bereichen auf: bei der Interpretation und im Ausdrücken von nonverbaler Kommunikation durch Blickkontakt, in Mimik, Gestik und Körperhaltung, bei den Beziehungen zu Gleichaltrigen in Bezug auf spontane Bestrebungen, Freude, bei Interessen oder Erfolge mit anderen zu teilen und in Bezug auf soziale oder emotionale Reziprozität.

Eingeschränkte repetitive und stereotype Verhaltens-, Interessen- und Aktivitätsmuster beinhalten:

- intensive Beschäftigung innerhalb eines oder mehrerer stereotyper und begrenzter Interessenmuster, wobei diese Beschäftigung bezüglich Schwerpunkt oder Intensität abnorm ist;
- hartnäckiges Festhalten an bestimmten, nicht funktionalen Gewohnheiten oder Ritualen wie stereotype und repetitive motorische Manierismen (z. B. Verdrehen der Hände/Finger oder Flattern mit den Händen/Fingern oder komplexe Bewegungen des ganzen Körpers);
- beharrliche intensive Beschäftigung mit einzelnen Gegenständen oder Teilen von Objekten.

Viele Menschen mit AS haben außerdem physische Probleme wie z. B. motorische Unsicherheit, Ungeschicklichkeit und starke Überempfindlichkeit gegenüber Sinneseindrücken wie Berührung, Geräusch, Geschmack, Geruch, Temperatur, Schmerz und Bewegung. Diese Probleme treten trotz einer durchschnittlichen oder überdurchschnittlichen Intelligenz auf.

Bei den oben beschriebenen Schwierigkeiten kommt es erst zu einer Asperger-Diagnose, wenn sie die Fähigkeit einer Person deutlich beeinträchtigen, einen oder mehrere der wichtigen Lebensbereiche zu bewältigen, z. B. soziale Beziehungen, Schule/Ausbildung, Selbstfürsorge, Selbstständigkeit oder Arbeitsleben.

Hans Asperger (1906–1980) hat als Erster über die Ansammlung von Verhaltensstörungen geschrieben, die heute als Asperger-Syndrom bekannt ist. Zuerst nannte er das Syndrom „Autistische Psychopathen im Kindesalter". Asperger erfasste eine Gruppe seiner Patienten, die einen Mangel an sozialen Beziehungen und Empathie zeigten sowie unfähig waren, Freundschaften zu schließen. Seine Patienten, die zwischen 5 und 35 Jahre alt waren, führten außerdem einseitige Konversationen, sie zeichneten sich durch intensive, selbstbezogene Spezialinteressen und Beschäftigungen aus und hatten motorische Störungen.

Asperger beobachtete, dass diese intensiven Aktivitäten zwar Genuss und Freude erzeugten, aber viele andere Lebensbereiche beeinträchtigten. Er war jedoch überzeugt, dass Menschen mit einer AS-Diagnose ihre Spezialinteressen und Talente im Erwachsenenalter erfolgreich einbringen könnten (Asperger, 1991).

Aspergers Arbeit wurde von der renommierten britischen Psychiaterin Lorna Wing rezensiert, überarbeitet und im Jahr 1981 in „Asperger-Syndrom“ umbenannt (Frith, 1991). Der Begriff „Psychopathie“ war inzwischen gleichbedeutend mit antisozialem Verhalten und nicht länger geeignet, das Asperger-Syndrom zu beschreiben.

Autismus-Spektrum-Störungen als eine Kategorie treten bei einem von 150 Kindern in den Vereinigten Staaten (Center for Disease Control and Prevention, 2007), bei einem von 116 Kindern in Großbritannien (Baird, Simonoff, Pickles, Chandler, Loucas, Meldrum, et al., 2006), bei einem von 165 Kindern in Kanada (Fombonne, Zakarian, Bennett, Meng & McLean-Heywod, 2006), bei einem von 160 Kindern in Australien (MacDermott, William, Ridley, Glasson & Wray, 2006) auf, und in vielen anderen Ländern, wie in Japan, Dänemark und Schweden, wird eine ansteigende Häufigkeit verzeichnet (Kurita, 2006). Für Deutschland liegen leider keine genauen Zahlen vor.

Zum heutigen Zeitpunkt ist die Ursache von Asperger-Syndrom oder Autismus nicht bekannt, obwohl Wissenschaftler vermuten, dass die Genetik dabei eine große Rolle spielt. Diese Vermutung basiert auf Untersuchungen mit eineiigen Zwillingen, die zeigen, dass diese eine viel höhere Autismus-Rate aufweisen als zweieiige Zwillinge oder Einzelgeschwister. Eine neuere Untersuchung hat eine wiederholt auftretende genetische Abweichung festgestellt, die in hohem Maße die Prädisposition einer Person für eine bestimmte Form von Autismus bestimmt, die ungefähr ein Prozent aller Autismus-Fälle ausmacht (Weiss, Shen, Korn, Arking, Miller et al., 2008).

Es ist keine Heilungsmöglichkeit für AS oder Autismus bekannt; das Ausmaß der Behinderung kann jedoch durch frühzeitige und kontinuierliche Intervention reduziert werden. Dieses Buch beschreibt nicht die Methoden und Ansätze der Frühintervention bei Kindern, sondern es konzentriert sich auf die Prinzipien und Voraussetzungen der Intervention bei Teenagern und Erwachsenen.

Die wichtigste Voraussetzung für soziale Fortschritte bei Teenagern und Erwachsenen mit AS ist ihre aktive Teilnahme an der Intervention. Fortschritte sind erst dann möglich, wenn die Person die Notwendigkeit einer Veränderung realisiert, wenn sie fähig und bereit ist, ihre soziale Umwelt zu beobachten, über ihre Beobachtungen zu reflektieren und dann Strategien auszuwählen und anzuwenden, die ihren individuellen Bedürfnissen gerecht werden. Wenn anfängliche Bemühungen scheitern, ist es wichtig, dass die Person ihre Vorgehensweise modifiziert und sich weiter bemüht. Das alles kann mit der Hilfe und Unterstützung von Familie, Freunden, Lehrern, Betreuungspersonen und Therapeuten verwirklicht werden.

Um die Auswirkungen von AS auf soziale Kompetenzen und soziale Beziehungen zu verstehen, ist es sehr wichtig, dass Sie Ihre bisherigen Kenntnisse erweitern und spezifische Erfahrungen von Teenagern und Erwachsenen kennenlernen, die mit dieser Behinderung leben.

Erfahrungen von Teenagern und Erwachsenen mit Asperger-Syndrom

Die Lebenserfahrungen von Teenagern und Erwachsenen mit AS sind genauso unterschiedlich wie die von anderen Menschen, aber es gibt auch Gemeinsamkeiten. Diese ähnlichen Erfahrungen beruhen auf den Herausforderungen, die entstehen, wenn man in einer in hohem Maße vorgeschriebenen sozialen Welt lebt, ohne die notwendigen Fertigkeiten zu besitzen, soziale Beziehungen zu gestalten.

Bevor auf die spezifischen sozialen Erfahrungen eingegangen wird, sollen die Begriffe „Teenager" und „Erwachsene" näher erläutert werden.

Was sind Teenager?

Teenager sind junge Menschen zwischen 13 und 19 Jahren. Das ist die Übergangsphase im Leben, die zwischen Kindheit und Erwachsenenalter liegt, sie wird auch als Adoleszenz oder Entwicklungsjahre bezeichnet. Es ist eine Phase der physischen, psychologischen und sozialen Veränderung.

Die physischen Veränderungen beginnen in der Pubertät (11 bis 18 Jahre), dem Prozess der Geschlechtsreife. In dieser Zeit kommt es zu großen allgemeinen Veränderungen bezüglich Körpergröße, Gewicht und Aussehen. Diese Periode des rasanten Wachstums ist unmittelbares Resultat der Freisetzung von Hormonen. Das sind „Stoffe, normalerweise Peptide oder Steroide, die in einem Gewebe erzeugt werden und über den Blutweg zu anderen Stoffen gelangen, um physiologische Vorgänge wie Wachstum oder Stoffwechsel zu steuern" (American Heritage Dictionary of the English Language, 2008).

Große Mengen an Hormonen verursachen extrem schnelle physiologische Veränderungen, durch die sich ein Teenager unbehaglich und verunsichert fühlen kann. Diese Veränderungen können z. B. hinsichtlich der eigenen Identität Unbehagen und große Verwirrung stiften, besonders für einen jungen Menschen mit AS, der seinen Halt in Vorhersehbarkeit und Gleichförmigkeit der Umwelt findet.

Die psychologischen Veränderungen, die in den Entwicklungsjahren eintreten, betreffen sowohl kognitives als auch emotionales Wachstum. Die bemerkenswerteste Veränderung bei Teenagern ist die verbesserte Fähigkeit, Situationen und Probleme von ansteigender Komplexität zu lösen. Diese Fähigkeit wird manchmal durch die emotionale Überforderung verdeckt, die Teenager in dieser Veränderungsphase erleben, aber sie ist grundsätzlich vorhanden und wird immer ausgeprägter, wenn der Teenager seine physischen und emotionalen Veränderungen besser anzunehmen weiß.

Die sozialen Veränderungen, die sich in den Entwicklungsjahren ereignen, hängen in hohem Maße mit den sexuellen und körperlichen Veränderungen zusammen. Teenager interessieren sich in dieser Zeit verstärkt für soziale Beziehungen und möchten sozial akzeptiert werden. Sie neigen dazu, Gleichaltrigen und Freunden mehr Wichtigkeit beizumessen als ihren Eltern oder Betreuern. Das gilt für die Mehrheit der Teenager, einschließlich jener mit AS. Es ist eine Zeit, in der die Aufmerksamkeit für das Sozialverhalten von Gleichaltrigen gesteigert ist. Das äußert sich nicht unbedingt durch vermehrte Sozialkontakte, aber es zeigt sich z. B. durch ein gesteigertes Interesse an Mode, Make-up, Frisuren und Musik sowie an speziellen Hobbys und Interaktionen mit anderen im Internet. Auch das Interesse am anderen Geschlecht steigt.

In den Entwicklungsjahren steht die Suche nach der eigenen Identität und nach einem besseren Verständnis der eigenen Person im Vordergrund. Teenager stellen sich oft folgende Fragen:

- Wer bin ich?
- Wer möchte ich sein?
- Was möchte ich mit meinem Leben anfangen?
- Bin ich ein guter Mensch?
- Mögen mich andere Menschen bzw. finden sie mich attraktiv?
- Warum mögen mich andere Teenager nicht?

Die Entwicklungsjahre steigern das Bedürfnis des Einzelnen nach Selbstständigkeit im Alltagsleben. Diese Phase scheint mehr als irgendein anderer Lebensabschnitt die meisten Teenager zu motivieren, sozialer zu werden. Diese Zeit scheint bestens geeignet, sich darauf zu konzentrieren, seine Sozialkompetenz zu verbessern. Der Erfolg für eine Person mit AS ist aber möglicherweise größer, wenn diese intensive Ausrichtung erst in den späteren Teenager-Jahren erfolgt. Da die Entwicklungsjahre für jeden eine überaus chaotische und verwirrende Zeit sind, und dies ganz besonders für Menschen mit AS, beginnt deren beste Zeit, soziale Beziehungen zu erkunden, nachdem sich die physischen, emotionalen und psychologischen Veränderungen eingependelt haben und sich der Organismus beruhigt hat. Das gilt vor allem für Menschen, die Schwierigkeiten mit sensorischer Integration und emotionaler Regulation haben und ein starkes Bedürfnis nach Gleichförmigkeit der Umwelt.

Wann ist man erwachsen?

Erwachsene sind Menschen, die eine gewisse physische Reife sowie die Volljährigkeit erreicht haben. Das ist der gesetzliche Begriff für das Alter, in dem

Menschen legitimiert sind, die Kontrolle über und die Verantwortung für ihr Leben zu übernehmen, einschließlich ihrer Handlungen und Entscheidungen. An diesem Punkt sind Eltern oder Erziehungsberechtigte nicht mehr für die jeweilige Person zeichnungsberechtigt. Mit abnehmender elterlicher Kontrolle ist in diesem Lebensabschnitt eine größere Selbstständigkeit gefordert. Für viele ist das eine schwierige Übergangszeit und besonders schwer für Menschen, die mit einer Behinderung leben, da es vieler Fertigkeiten bedarf, ein selbstständiges Leben zu führen.

Die Übergangszeit ins Erwachsenenalter kann auch für die Eltern oder Erziehungsberechtigten eines Jugendlichen, der mit einer Behinderung lebt, eine schwierige Zeit sein, wenn sie sich (manchmal übermäßige) Gedanken machen, ob ihr fast erwachsenes Kind überhaupt fähig sein wird, ganz allein und ohne Unterstützung zu leben. Es kann für Eltern und Erziehungsberechtigte schwierig sein, ihre erwachsenen Kinder loszulassen und ihnen die Möglichkeit zu geben, so selbstständig wie möglich zu leben, besonders wenn sie sich zuvor intensiv um ihre Kinder gekümmert haben.

Die bereits erwähnten diagnostischen Kriterien stellen Fachleuten Richtlinien zur Verfügung, um AS zu bestimmen. Noch hilfreicher ist eine praktische Liste mit spezifischen Verhaltensmustern, die typisch für AS sind und erwiesenermaßen die sozialen Beziehungen von Teenagern und Erwachsenen beeinträchtigen. Solche Verhaltensweisen sind zum Beispiel:

- ein unbeholfener Umgang mit Sprache, trotz gutem Wortschatz und guter Grammatik;
- ein mangelhaftes Sprachverständnis und mangelhafter sozialer Sprachgebrauch;
- Schwierigkeiten, nonverbale Kommunikation zu interpretieren und selbst nonverbal zu kommunizieren;
- Schwierigkeiten, die Perspektiven von anderen zu verstehen;
- Schwierigkeiten, figurative Sprache zu interpretieren;
- ein Mangel an Empathie gegenüber anderen;
- die Präferenz für Vorhersehbarkeit und Regelmäßigkeit in der Umwelt;
- die Tendenz zu Konzentrations- und Organisationsschwierigkeiten, trotz durchschnittlicher bis überdurchschnittlicher Intelligenz;
- die Tendenz zu spezifischen und absorbierenden Interessen;
- Schwierigkeiten, sensorische Informationen zu integrieren;
- motorische Ungeschicklichkeit;
- Schwierigkeiten, Angstgefühle, Nervosität und Stimmungsschwankungen zu regulieren.

Unbeholfener Sprachgebrauch

Eine Person mit AS hat oft unterschiedliche sprachliche Fähigkeiten, die von verzögert bis fortgeschritten reichen. Das breite Spektrum sprachlicher Fähigkeiten wird manchmal als „Gipfel und Täler“ bezeichnet. Die sprachlichen Gipfel und Täler einer Person mit AS können für andere Menschen verwirrend sein und sind für die Person selbst oft überaus problematisch. Zum Gipfel gehört im Allgemeinen ein großer, ausdrucksstarker Wortschatz, eine gute Artikulation und eine gute Satzstruktur, während die Täler in der Regel ein mangelhaftes Sprachverständnis und einen mangelhaften sozialen Sprachgebrauch kennzeichnen.

Als Zuhörer geht man schnell davon aus, dass eine Person, die einen großen, ausdrucksstarken Wortschatz und ein gutes grammatikalisches Verständnis besitzt, auch die Sprache gut anwenden kann, um mit anderen zu kommunizieren und zu interagieren. Diese Annahme basiert auf der Tatsache, dass die meisten Entwicklungen, einschließlich der sprachlichen Fähigkeiten, gleichmäßig und einheitlich ablaufen. Auch wenn jeder Mensch sowohl Stärken als auch Schwächen hat, sind die Gipfel und Täler der Sprachentwicklung bei Teenagern und Erwachsenen mit AS im Allgemeinen überdurchschnittlich ausgeprägt, d. h., gute Fähigkeiten sind besonders gut und schwache besonders schlecht entwickelt. Es ist diese Diskrepanz, die für den Zuhörer verwirrend ist, wenn er versucht, die Perspektive eines Sprechers mit AS zu interpretieren.

George war damit einverstanden, mit mir zusammen einen Vortrag über die Bedürfnisse am Arbeitsplatz von Angestellten mit Autismus und wie man darauf eingehen kann zu halten. Wir beschlossen, den Vortrag damit zu beginnen, indem wir unseren Kollegen einen Überblick über die diagnostischen Kriterien für Autismus und Asperger-Syndrom geben würden. Ich würde dazu die Hintergrundinformationen liefern und George die Wege des Entgegenkommens und der Unterstützung aufzeigen. Wir trafen uns zur Vorbereitung, um den Vortrag zu proben. Als ich zu dem Teil des Vortrags kam, wo es um die Gipfel und Täler der Sprachentwicklung ging, und den Begriff „pedantisch“ verwendete, bat George mich zu erklären, was genau ich mit diesem Begriff meinte. Ich sagte: „Eine Person, die Wissen auf eine formale oder präzise Art vermittelt.“ Er antwortete: „Oh, ich verstehe. Eine 439.985 kg schwere vollgeladene Boeing 747 hebt aufgrund des einfachen Prinzips vom Boden ab, dass in inkompressiblen Fluiden ein Geschwindigkeitsanstieg von einem simultanen Druckabfall begleitet ist.“ George repräsentiert AS nur allzu gut, indem er mit einer pedantischen Aussage antwortete. Er ist zwar brillant auf seinem Fachgebiet der Luftfahrttechnik, trotzdem benötigt er besondere Unterstützung am Arbeitsplatz, um sein Potenzial zu entfalten. Er kennt zwar die Definition des Wortes „pedantisch", so wie er auch die Definitionen der meisten Wörter kennt, aber er versteht nicht, wie dieser Begriff zu den diagnostischen Kriterien für AS passt, denn wie könnte es etwas „Schlechtes" sein, pedantisch zu sein?

Soziale Sprache

Die Pragmatik (Lehre vom sprachlichen Handeln) befasst sich mit den Regeln, die den sozialen Sprachgebrauch bestimmen. Im Allgemeinen sind soziale Regeln ungeschrieben, undefiniert und komplex, sie verändern sich ständig und beeinflussen die meisten Bereiche der sozialen Interaktion. Zu diesen Regeln gehören unter anderem folgende Aspekte: Distanz zum Gesprächspartner, nonverbale Kommunikation, Begrüßungen und Verabschiedungen, lockere Gespräche mit anderen, der Akt des Sprechens, aufmerksames Zuhören sowie die Rollen des Sprechers und des Zuhörers in Bezug auf Geschlecht, Alter und gesellschaftlichen Status. Verstöße gegen pragmatische Regeln werden von Menschen, die kein Asperger-Syndrom haben, relativ leicht erkannt und führen häufig zu Missverständnissen.

Denken Sie daran, dass diese Regelverstöße aus verschiedenen Gründen auftreten können. Ein Mensch mit sozial-pragmatischen Schwierigkeiten versteht möglicherweise den Sinn vieler sozialer Regeln des Sprachgebrauchs gar nicht und hält sie daher nicht so streng ein wie andere Menschen. Manchmal zweifelt er auch daran, dass bestimmte Voraussetzungen für erfolgreiche Interaktionen wichtig sind. Das gilt besonders für Begrüßungen und Verabschiedungen.

Da die betreffende Person selbst gar nicht das Bedürfnis hat, dass andere Menschen Begrüßungen und Verabschiedungen ihr gegenüber aussprechen, kann es für sie schwierig sein zu begreifen, dass andere dieses Bedürfnis haben. Das ist nicht ungewöhnlich, da wir alle die Welt und unsere Beziehungen durch unseren eigenen Filter betrachten, der sich aus unseren persönlichen Erfahrungen gebildet hat. Wenn ich beim Betreten oder Verlassen eines Zimmers eine Begrüßung oder Verabschiedung für überflüssig erachte, werde ich mich sehr anstrengen müssen, zu verstehen und zu glauben, dass das anderen Menschen ein großes Bedürfnis ist. Dieses Bedürfnis werde ich gar nicht vollständig begreifen können und gewisse soziale Verhaltensweisen also einfach nur dumm oder sogar lächerlich finden.

Ein Mensch mit sozial-pragmatischen Schwierigkeiten hat möglicherweise auch Mühe mit dem Akt des Sprechens, einschließlich Satzbildung, Wortwahl, Intonation und paralinguistischer Elemente. Bereits diese Schwierigkeiten verursachen große Nervosität, und wenn dann auch noch soziale Interaktionen mit anderen Menschen hinzukommen, kann das zu extremer Aufregung und Angst führen. Diese Kombination aus Schwierigkeiten beim sprachlichen Ausdruck, sozialen Herausforderungen und Angstgefühlen kann wiederum zu erheblichen pragmatischen Problemen führen, z.B. in Bezug auf den Beginn einer Konversation sowie die Aufrechterhaltung und Wahl eines Themas, das für beide Seiten interessant ist. In diesem Fall gibt es einfach zu viele Variablen, die arrangiert werden müssen, damit für den Sprecher und den Zuhörer eine reibungslose und befriedigende soziale Interaktion zustande kommt. Die Person mit AS benötigt hier die Unterstützung des Kommunikationspartners, um diese Hürde zu überwinden.

Pragmatische Schwierigkeiten können verringert werden, wenn sowohl der Sprecher als auch der Zuhörer die zugrunde liegende sozial-pragmatische Problematik versteht. Ein Mensch mit AS möchte nicht absichtlich seinen Kommunikationspartner verwirren oder sich selbst als vollkommen egozentrische Person präsentieren, die Probleme sind vielmehr das Resultat eines fundamentalen sozial-pragmatischen Missverständnisses. Das ist ein Bereich, in dem neurotypische Menschen (sogenannte „NTs“) ihr Verständnis für die Person mit AS erweitern müssen, damit echte Fortschritte entstehen können. Menschen mit typischen sozial-pragmatischen Fertigkeiten müssen lernen, die Perspektive von Personen mit sozial-pragmatischen Schwierigkeiten zu übernehmen; und sie müssen beginnen, in einem *autistischen Kontext* zu denken. An diesem Punkt können NTs Kompromisse machen und Verständnis zeigen, anstatt die Konversation abzuwerten und die Person zukünftig zu meiden. Akzeptanz, Kompromissbereitschaft und Verständnis sind die unterstützenden Haltungen, die Teenagern und Erwachsenen mit AS die Freiheit geben, soziale Kompetenzen zu erwerben und anzuwenden.

Für Teenager und Erwachsene mit AS ist es notwendig, dass andere ihre Schwierigkeiten verstehen und ihnen im Bedarfsfall Unterstützung anbieten. Die folgenden Abschnitte beschreiben die spezifischen pragmatischen Probleme, die viele Teenager und Erwachsene mit AS erleben. Ein Teenager oder Erwachsener mit sozial-pragmatischen Schwierigkeiten kann durch diese Informationen sein Verständnis dafür erweitern, wie wichtig bestimmte pragmatische Verhaltensweisen für NTs sind.

Begrüßungen und Verabschiedungen

Eine Person mit AS unterlässt es möglicherweise, beim Betreten oder Verlassen eines Raumes in irgendeiner Form zu grüßen; oder sie sagt „Hallo“ und macht dann eine Pause, die wie eine halbe Ewigkeit erscheint, weil sie nicht weiß, wie sie das Gespräch weiter gestalten soll. Wenn sie ein Zimmer verlässt, sagt sie vielleicht „Auf Wiedersehen“ und wartet dann so unangemessen lange, bis sich alle anderen wundern, was los ist. Eine andere Variante ist, dass die Person mit AS das Zimmer verlässt, ohne etwas zu sagen, worüber sich die anderen Menschen ebenfalls wundern. Das kann in allen Formen der Kommunikation, in Briefen und ganz besonders in E-Mails, ähnlich ablaufen.

> Einer meiner Studenten benutzt in seinen E-Mails nie eine Anrede, einen Gruß oder eine Unterschrift. Es ist manchmal sehr nervig, eine E-Mail ohne Anrede zu erhalten, weil ich nicht sicher sein kann, dass sie für mich bestimmt ist, und wenn es keinen Gruß oder keine Unterschrift gibt, kann ich nur anhand der Absenderadresse erkennen, wer die E-Mail geschrieben hat. Manchmal ist es mir gar nicht möglich, den Absender auszumachen, weil im E-Mail-System der Hochschule Codes statt richtiger Namen verwendet werden. Ich bin sicher, dass der Schreiber sich nicht des Stresses bewusst ist, den er mir als Zuhörer/Leser verursacht, indem er es versäumt, eine angemessene Anrede oder seine Unterschrift hinzuschreiben. Ich bewerte dieses Verhalten als eigentümlich und wäre darüber aufgebracht, wenn ich nicht wüsste, dass er AS hat.

Mit jemandem ins Gespräch kommen

Beginnt ein Teenager oder Erwachsener mit AS ein Gespräch, macht er möglicherweise eine für den Zuhörer irrelevante Bemerkung. Er stellt z. B. eine Frage, die am eigentlichen Thema vorbeigeht oder die für den Zuhörer nicht genügend Informationen beinhaltet, um beurteilen zu können, wie der Gesprächspartner antworten soll. Das kann für den Zuhörer frustrierend sein. Er möchte zwar antworten, ein gutes Gespräch in Gang bringen, benötigt jedoch mehr spezifische Hinweise, um zu wissen, wie er antworten soll.

> Neulich fuhr ich Jenny zur Schule und sie jagte mir einen riesigen Schrecken ein. Noch bevor das Auto zum Stehen gekommen war, öffnete sie die Tür, sprang hinaus und rief einem Klassenkameraden zu: „Wie fan-

dest du das Spiel gestern?“ Der Junge rief zurück: „Wovon redest du?“ Jenny antwortete: „Das Spiel?!“ Es war offensichtlich, dass er keine Ahnung hatte, wovon sie sprach, und sie schien nicht zu bemerken, dass er mehr und genauere Informationen benötigte, um ihre Frage zu verstehen. Er war drauf und dran weiterzugehen, und mir war ziemlich deutlich, dass er kein Gespräch führen wollte. Ich hatte das Gefühl, dass so etwas schon öfter passiert war. Jenny versteht die Sichtweise von anderen nicht, sie kann nonverbale Kommunikation nur schwer interpretieren. Sie konnte wirklich nicht begreifen, warum dieser Junge ihre Frage nicht verstanden hatte und dass er versuchte, sie auf diese Tatsache aufmerksam zu machen. Sie nahm weder seine subtilen verbalen Hinweise wahr, noch konnte sie seine nonverbale Kommunikation so interpretieren, dass er dieses Gespräch nicht weiterführen wollte.

Ein Gespräch in Gang halten

Ein Mensch, der Schwierigkeiten hat, ein Gespräch in Gang zu halten, das beide Gesprächspartner interessiert, lenkt es oft unbeabsichtigt zu seinen eigenen speziellen Interessen. Vor allem Teenager oder Erwachsene mit AS wenden gern diese Strategie an, weil sie auf ihrem Gebiet zumeist großes Wissen und viel Erfahrung besitzen und darüber selbstbewusst diskutieren können. Es ist daher völlig verständlich, dass ein Teenager oder Erwachsener, der eine Unterhaltung als unangenehme Situation erlebt, das Gespräch wenigstens in eine ihm angenehme und vertraute Richtung lenkt.

Leider kann diese Strategie zu Missverständnissen führen und vom Zuhörer falsch interpretiert werden, so als wolle der Sprecher die Unterhaltung „an sich reißen“. Diese Unterhaltungen können den Gesprächspartner verärgern und sogar zukünftige Gespräche verhindern.

Ich hatte Nick lange nicht gesehen, daher freute ich mich sehr, als ich ihn zufällig im Einkaufszentrum traf. Endlich konnten wir unsere Neuigkeiten austauschen. Das Einkaufszentrum ist von seinem Haus zu Fuß zu erreichen, daher geht er oft dorthin und verbringt dort viel Freizeit. Ich erkundigte mich nach seinen Eltern und Geschwistern. Er beantwortete alle meine Fragen mit einem schnellen „Ja“ oder „Nein“. Dann machte ich eine Pause. Das war die Gelegenheit für ihn, mir alles über sein neues Spezialprojekt zu erzählen. Er hatte eine Satellitenschüssel gebaut, die Geräusche aus dem Weltraum empfangen konnte, und hatte sie an seinen

Computer angeschlossen, um die Geräusche zu überwachen. Er wusste alles über dieses Vorhaben einschließlich der Tatsache, dass einer der Mitbegründer eines großen Software-Unternehmens vor kurzem Millionen von Dollar für ein ähnliches Projekt gespendet hatte. Ich fand das Thema zwar interessant, aber es war nicht wirklich das, worüber ich reden wollte. Ich wollte eigentlich wissen, wie es ihm ging. Aber ich musste wohl einfach davon ausgehen, dass es ihm gut ging, weil er so glücklich über sein Projekt war.

Abrupte Themenwechsel

Abrupte Themenwechsel mitten im Gespräch können für den Gesprächspartner problematisch sein. Teenagern und Erwachsenen mit AS fällt es schwer, ein Gesprächsthema länger als für die Dauer eines kurzen Informationsaustauschs beizubehalten. Danach müssen sie abrupt das Thema wechseln, um die Unterhaltung weiterzuführen. Für den Gesprächspartner ist dann aber nur schwer nachvollziehbar, in welcher Form er am Gespräch teilnehmen kann. Der Sprecher kann dem Zuhörer eine Art „Übergangs-Warnung" geben, bevor er abrupt das Thema wechselt, damit der andere weiter am Gespräch teilnehmen kann.

Ralph ist einer meiner Kollegen. Er ist ein ungewöhnlicher Mensch. Neulich unterhielten wir uns, und für mich fühlte es sich an, als würde ich Achterbahn fahren. Zu Anfang sprachen wir über das Projekt, an dem wir gerade arbeiten, und plötzlich redete er von einer Frau. Ich kam mir ziemlich dumm vor, weil ich keine Ahnung hatte, von wem er redete. Es klang so, als hätte unser Chef ein Verhältnis mit einer Frau und würde sich mit ihr treffen, eventuell in seiner Mittagspause oder sonst wann. Ich hatte keine Ahnung, woher Ralph das wusste. Aber es war eines dieser Themen, bei dem ich ihn nicht bitten wollte, sich klarer auszudrücken. Ich ließ ihn einfach reden, bis er fertig war, und sagte dann, dass ich wieder an die Arbeit müsse. Es war wirklich seltsam. Später fand ich heraus, dass er über einen Film, den er anschauen wollte und der irgendetwas mit einer Frau zu tun hatte, gesprochen hatte. Er war an einem Punkt des Gesprächs von unserem Projekt zum Film gewechselt. Ich hatte diesen Übergang nicht mitbekommen und daher den Rest nicht verstanden, und es wäre mir zu unangenehm gewesen, nachzufragen. Es ist schwierig, mit Ralph länger als ein oder zwei Minuten zu reden, weil er schnell spricht und von Thema zu Thema springt.

Einen Übergang hätte Ralph beispielsweise so formulieren können: „Kann ich mal kurz das Thema wechseln und dir von einem Film erzählen, den ich mir anschauen möchte?“ Wenn man höflich fragt, werden andere Menschen selten „Nein“ sagen.

Sprachmuster und Sprachmelodie

In allen Sprachen gibt es Sprachmuster, die dem Gesprächspartner Informationen vermitteln, die über die Worte hinausgehen und die Deutlichkeit der Mitteilung verstärken. Viele Teenager und Erwachsene mit AS benutzen hingegen Sprachmuster, die entweder monoton oder unregelmäßig sind. Bei einem monotonen Sprachmuster verwendet der Sprecher einen einzigen Rhythmus sowie eine einzige gleichbleibende Tonhöhe, Betonung und Intonation. Jeder Ton, jede Silbe und jedes Wort wird auf dieselbe Art betont.

Bei einem unregelmäßigen Sprachmuster verwendet der Sprecher hingegen unregelmäßige Muster beim Steigen und Fallen der Stimme in den Bereichen Tonhöhe, Rhythmus, Betonung und Intonation. Das unregelmäßige Muster verwirrt den Gesprächspartner, der die gebräuchlichen Sprachmuster seiner Sprache für ein besseres Verständnis der Mitteilung benötigt. Die jeweiligen Sprachmuster eines Landes sind Bedeutungsträger und werden „paralinguistische Elemente“ genannt, die als sprachbegleitende Kommunikationsmittel eingesetzt werden („para“ = neben, bei).

Bei der Verwendung von monotonen und unregelmäßigen Sprachmustern wird das Verständnis beeinträchtigt, denn der Sprecher vermittelt dem Zuhörer nicht genügend Informationen. Dadurch überträgt er seinem Gesprächspartner die alleinige Verantwortung, die gemachte Aussage zu interpretieren. Dessen Fähigkeit, die Bemerkungen des Sprechers genau zu verstehen, ist aber durch das verwendete Sprachmuster stark eingeschränkt. Das kann frustrierend auf den Gesprächspartner wirken und ihn von zukünftigen Unterhaltungen abschrecken.

Jimmy ist einer meiner besten Schüler und mit AS diagnostiziert. Am Unterricht nimmer er sehr rege teil, wenn ihn das Thema interessiert, über das wir gerade diskutieren, und er hat sonst keine Probleme, außer dass er schüchtern wirkt und er schwer zu verstehen ist. Ich habe geraume Zeit gebraucht, um das genaue Problem seiner Sprache herauszufinden. Es ist die Satzmelodie. Am Ende jedes Satzes hebt er seine Stimme, so als ob er eine Frage stellen würde. Zu Beginn des letzten Schuljahres bat ich jeden Schüler, der ganzen Klasse zu erzählen, wie er ein langes Wochenende verbringen würde. Jimmy sagte: „Ich werde den Großteil des Wochenendes damit verbringen, PlayStation zu spielen?“ Da fragte ich mich, ob das bedeutete, dass er hoffte, eine PlayStation zum Spielen zu bekommen, oder ob er sich wünschte, dass jemand aus der Klasse ihn einladen würde, auf seiner PlayStation zu spielen. Es war für mich verwirrend herauszufinden, was genau er aussagen wollte, als er seinen Satz als Frage formulierte. Heute weiß ich, dass das einfach sein Sprachmuster ist. Mit der Zeit wurde es leichter, seine Sprache zu verstehen. Aber ich kann mir gut vorstellen, wie verwirrend es für Menschen sein muss, die ihn wenig oder gar nicht kennen. Jimmy ist sich dieses Problems bewusst und hat eine Sprachtherapie gemacht, aber die Schwierigkeit besteht weiterhin.

Nonverbale Kommunikation

Teenager und Erwachsene mit AS haben im Allgemeinen erhebliche Probleme damit, nonverbale Hinweise anderer zu interpretieren, wie z. B. Blickkontakt, Mimik, Körperhaltung und Gestik. Menschen, denen es schwerfällt, nonverbale Kommunikation zu verstehen, erleben ständig Missverständnisse, sogar mit denen, die die Gründe für ihre Schwierigkeiten normalerweise kennen. Da die nonverbale Kommunikation in einem persönlichen Gespräch ganze 55 Prozent der Bedeutung ausmacht, können Schwierigkeiten in diesem Bereich soziale Interaktionen erheblich beeinträchtigen.

Nach einem netten Besuch bei meiner Mutter standen wir in der Auffahrt, und meine Mutter umarmte Daniel zum Abschied. Sie machte dabei ein trauriges Gesicht, weil sie es schade fand, dass wir gehen mussten, aber zu Hause warteten Schule und Arbeit. Plötzlich trat mein Sohn einen Schritt aus ihrer Umarmung zurück und sagte mit ernster Stimme: „Was habe ich getan? Ich habe nichts getan!“ Wir waren überrascht, da wir die Interaktion beobachtet hatten und wussten, dass seine Großmutter nur traurig darüber war, dass wir gingen. Unser Sohn aber hatte den traurigen Gesichtsausdruck seiner Großmutter als Verärgerung interpretiert, und er dachte, dass der Ärger ihm galt. Nun waren alle aufgebracht, nicht weil wir gehen mussten, sondern weil Daniel die Gefühle seiner Großmutter verletzt hatte. Seine Brüder schrien ihn an und schimpften ihn aus. Das regte ihn noch mehr auf und er schrie: „Alle hassen mich!“ Nach ein paar Minuten beruhigten wir uns alle wieder, und auch meine Mutter begriff, dass Daniels Verhalten auf seiner Fehlinterpretation ihres Gesichtsausdrucks basierte. Auch wenn wir schon seit Jahren wissen, dass solche Dinge mal passieren können, reagierten wir dennoch zuerst mit Betroffenheit und Verärgerung.

Perspektivenübernahme

Für einen Teenager oder Erwachsenen mit AS kann die Schwierigkeit oder sogar Unfähigkeit, sich in die Perspektive einer anderen Person hineinzuversetzen und eine bestimmte Situation aus deren Blickwinkel zu sehen, gravierende Missverständnisse auslösen, die zu erheblichen sozialen Problemen führen. In welchem Ausmaß dies die sozialen Beziehungen von Teenagern und Erwachsenen mit AS negativ beeinflusst, ist schwer zu sagen, da es dazu unterschiedliche Forschungsergebnisse gibt. Die meisten stimmen aber darin überein, dass eine unzulängliche Perspektivenübernahme grundsätzlich ein Problem darstellt.

Führende Wissenschaftler haben die Hypothese aufgestellt, dass die fehlende Möglichkeit, sich in einen anderen Menschen hineinzuversetzen, ein Kerndefizit des Autismus darstellt (Baron-Cohen, 1989). Das gilt jedoch nicht unbedingt für AS. In seiner ursprünglichen Beschreibung seiner Patienten kommentierte Hans Asperger die guten Fähigkeiten seiner Patienten bezüglich der Perspektivenübernahme; in seiner Zusammenfassung der Entwicklungsstörung vermerkte er, dass grundsätzlich die Fähigkeit besteht, eine bestimmte Form von Introspektion auszuüben und den Charakter von anderen zu beurteilen (Asperger, 1991). Andere Wissenschaftler weisen darauf hin, dass Menschen mit AS zwar auf dem Gebiet der Perspektivenübernahme Schwierigkeiten haben, jedoch bei Aufgaben rund um die Perspektivenübernahme besser abschneiden als Menschen mit Autismus (Klin, Volkmar & Sparrow, 2000).

Tatsache ist, dass viele, wenn nicht sogar alle Teenager und Erwachsenen mit AS in einem gewissen Ausmaß bei der Perspektivenübernahme Schwierigkeiten haben. Entsprechende Fertigkeiten scheinen sich zwar nicht intuitiv zu entwickeln, aber die gute Nachricht lautet, dass viele Teenager und Erwachsene in diesem Bereich positiv auf direkte Instruktionen reagieren. Michelle Garcia Winner (2007) beschreibt in ihrem Buch *Thinking About You Thinking About*

Me die Voraussetzungen, die für eine Perspektivenübernahme und damit für ein soziales Bewusstsein und soziale Kompetenz wesentlich sind:

- dass man die aufmerksame Gegenwart einer anderen Person erkennt;
- dass man die Individualität einer anderen Person erkennt und würdigt;
- dass man erkennt und akzeptiert, dass eine andere Person ihr eigenes Repertoire an Emotionen besitzt;
- dass man erkennt und entsprechend darauf reagiert, dass eine andere Person ihre eigenen Wünsche und Beweggründe hat;
- dass man erkennt und akzeptiert, dass eine andere Person eine eigene Persönlichkeit hat;
- dass man ein intuitives Interesse spürt, die persönliche Geschichte anderer kennenzulernen;
- dass man sein Erinnerungsvermögen entwickelt und dazu verwendet, um eine zwischenmenschliche Beziehung aufzubauen und aufrechtzuerhalten und um die Handlungsweisen der anderen Person besser zu verstehen;
- dass man angemessene sprachliche Formulierungen anwendet, um sich nach einer anderen Person zu erkundigen;
- dass man soziale Konventionen versteht, die zu spezifischen sozialen Kontexten gehören;
- dass man durch Blickkontakt die wechselnden inneren Zustände des Kommunikationspartners erfasst. (S. 27)

Soziale Interaktionen können durch eine mangelhafte Perspektivenübernahme stark beeinträchtigt werden, insbesondere Gespräche. Für eine erfolgreiche Unterhaltung muss sowohl der Sprecher als auch der Gesprächspartner in der Lage sein, auf die Perspektive des Gegenübers zu achten. Perspektivenübernahme ist wichtig, damit die Gesprächsteilnehmer Missverständnisse in der Kommunikation erkennen können, um sie dann mithilfe einer Korrekturmaßnahme oder Änderungsstrategie zu „reparieren".

> Ich schaute beim Fußballspiel meiner Tochter zu, und obwohl bei ihr nur eine tief greifende Entwicklungsstörung (Pervasive development disorder) diagnostiziert wurde, eine der milderen Formen der Autismus-Spektrum-Störung, hat sie gerade bei der Perspektivenübernahme große Schwierigkeiten. In der Halbzeit kam sie zu mir herüber, und ich flüsterte ihr eine Bemerkung zu, die ich zunächst witzig, später jedoch unangemessen fand. Ich bemerkte, wie dick einige der Spielerinnen des gegnerischen Teams seien. Meine Tochter lachte und fand das urkomisch. Ich dachte zuerst auch, dass es witzig sei, stellte aber bald darauf fest, dass ich einen riesigen Fehler gemacht hatte. Sie rannte sofort zu ihrer Mitspielerin und Freundin und rief dabei: „Rate mal, was mein Vater gerade

gesagt hat…“ Mir blieb fast das Herz stehen, weil ihre Freundin mindestens genauso dick, wenn nicht sogar korpulenter als die Spielerinnen des gegnerischen Teams war. Ich rief meiner Tochter zu, dass sie anhalten und zurückkommen solle. Ich bin nur froh, dass sie das auch getan hat, weil es sonst ihre Freundin bestimmt sehr verletzt hätte. Meine Tochter dachte überhaupt nicht darüber nach, wie ihre Freundin auf diese Bemerkung reagieren könnte. Und meine eigene Gedankenlosigkeit war natürlich überhaupt keine Hilfe.

Wörtliche Interpretation von Sprache

Sprache wird dazu verwendet, Mitteilungen auszusenden und zu empfangen, die entweder wörtlich oder figurativ gemeint sind. Wörtliche Mitteilungen werden genau so verwendet und interpretiert, wie sie im Wörterbuch definiert sind. Figurative Mitteilungen hingegen sind Worte, die eine übertragene Bedeutung haben. Figurative Sprache verwendet man, um eine Betonung zu setzen, eine Bedeutung zu verstärken, einen Vergleich oder Gegensatz zu bilden oder um einen rhetorischen Aspekt auszudrücken (Sutcliffe, 2004). Beispiele für figurative Mitteilungen sind: Vergleiche, Metaphern, Wortspiele, Parabeln, Paradoxe, Ironie, Idiome, Zynismus, die Verwendung von Onomatopöie und Sarkasmus.

Ein Idiom ist ein Wort oder eine Redewendung mit einer besonderen zugeordneten Bedeutung, die nicht vom Wort selbst abgeleitet werden kann. Beispiele für Idiome sind: „Mit der Tür ins Haus fallen“ – was bedeutet, jemanden zu überrumpeln; „auf dem Schlauch stehen“ – was meint, etwas nicht zu verstehen; „etwas nicht gebacken kriegen“ – was bedeutet, etwas nicht zustande zu bringen; auch „Hals- und Beinbruch!“ gehört dazu – was „viel Glück!“ bedeutet.

Bei einem Vergleich werden zwei unähnliche Objekte unter der Verwendung der Vergleichspartikel „wie“ oder „als“ miteinander verglichen. Beispiele für Vergleiche sind: „Seine Füße sind so groß wie Boote.“ Oder: „Sie ist leichter als eine Feder.“ Eine Metapher hingegen verknüpft zwei Bedeutungsbereiche, beispielsweise: „Jemanden in den Himmel loben“, was „jemandem höchstes Lob spenden“ bedeutet, oder: „Eine Mauer des Schweigens“, das „ablehnendes Schweigen“ meint.

Das Verständnis von figurativer Sprache erfordert Abstraktionsvermögen und die Fähigkeit, subtile Beziehungen zwischen Wörtern und Sätzen zu erkennen. Außerdem muss man in der Lage sein, die Perspektive des Sprechers zu übernehmen. Besonders beim Sarkasmus sollten sich die Gesprächspartner gut kennen, um sofort erkennen zu können, ob eine Mitteilung verlässlich ist oder ob es sich um einen Witz handelt.

Für viele Teenager und Erwachsene mit AS ist es schwierig, figurative Sprache adäquat zu interpretieren. Missverständnisse entstehen, wenn figurative Sprache wörtlich interpretiert wird.

> Meine Unfähigkeit, „normalmenschliche Sprache“ zu verstehen, hat meine Teamfähigkeit beeinträchtigt. Als ich sieben Jahre alt war, freute ich mich auf mein erstes Fußballspiel in der Schule. Mein Trainer zog mich in die Mitte des Spielfeldes und verkündete, dass ich auf der Position des Mittelstürmers spielen solle. Ich hatte keine Ahnung, was ich in dieser Position zu machen hatte, also fragte ich: „Was soll ich tun?“ Mein Trainer rief zurück: „Bleib einfach dort!“ Also tat ich das. Der Schiedsrichter pfeift, das Spiel beginnt, ich mache das Anspiel und ich bleibe dort stehen. Ich bleibe in der Mitte des Feldes stehen, während das Spiel überall um mich herum stattfindet und auch, als das gegnerische Team ein Tor vorbereitet. Ich bleibe dort stehen und denke über die Nutzlosigkeit und Idiotie dieser Mittelstürmerposition nach. Sollte mein Trainer von mir verlangen, noch einmal auf dieser Position zu spielen, würde ich mich weigern. Ich bleibe stehen, als mir meine Mitspielerinnen zurufen: „Weißt du nicht weiter?“ Zwar bin ich ein bisschen verwirrt und frustriert, aber ich bleibe selbst dann noch stehen, als mein Trainer ruft: „Was machst du denn? Los, spiel mit!“ Nun bin ich darüber verwirrt, wie ich die zwei Anordnungen meines Trainers befolgen soll; wie kann ich „dort bleiben“ und gleichzeitig „mitspielen“? Schließlich ist das Spiel zu Ende, mein Team ist geschlagen, und ich bin irritiert. Meine Eltern fragen mich teilnahmsvoll: „Was war mit dir los? Warum hast du nicht mitgespielt?“ Ich antworte frustriert: „Ich habe mitgespielt! Ich habe genau das gemacht, was mein Trainer verlangt hat!“ Da ich die nonverbale Kommunikation meines Trainers nicht verstehen konnte, nahm ich seine Hinweise wörtlich. So führte die ausschließlich wörtliche Interpretation einer Mitteilung zu Verwirrung und Frustration.
>
> *Kati*

Empathie

Empathie ist einer der Bereiche, in dem die größten Missverständnisse im Zusammenhang mit AS auftreten. Empathie bedeutet Einfühlungsvermögen und ist die Fähigkeit, die Gefühle, Gedanken oder Einstellungen einer anderen Person zu verstehen, zu akzeptieren und mit ihr zu fühlen.

Oft denken Menschen, die AS nicht kennen, aus dem Verhalten und den sozialen Fehlern von Personen mit AS zu schließen, dass diese die Gefühle, Gedanken oder Einstellungen von anderen nicht nachempfinden können, aber das ist nicht wahr. Menschen mit AS haben sehr wohl tief gehende Gefühle, die auch andere betreffen können. Probleme entstehen im Allgemeinen erst, wenn die Person mit AS nicht auf den Schmerz oder die Sorgen einer anderen Person achtet. Wird dieses Gefühl bei einer Person jedoch wahrgenommen, folgt auch die Empathie. Manchmal brauchen Teenager und Erwachsene mit AS etwas mehr Zeit, um die Gespräche zu verarbeiten, oder auch zusätzliche Erklärungen oder Mitteilungen, oder sie brauchen länger, um eine Antwort zu formulieren. Des Weiteren benötigen sie Verständnis, wenn sie auf eine emotionale Situation mit einem scheinbaren Mangel an Sensibilität reagieren; Empathie ist keine „Alles oder nichts“-Situation.

> Neulich las ich einen Zeitungsartikel über einen tragischen Autobahnunfall, bei dem sieben Athleten einer Highschool ums Leben kamen, die nach einem Spiel auf dem Nachhauseweg waren. Ich machte eine Bemerkung, dass ich gerade eine sehr traurige Geschichte las. Meine Tochter im Teenageralter kam zu mir herüber und las über meine Schulter hinweg einen kleinen Teil des Artikels. Ohne zu zögern sagte sie dann: „Ich frage mich, ob sie ihr Spiel gewonnen hatten.“ Zuerst konnte ich nicht glauben, was ich hörte. Ich hatte Mühe, diese Bemerkung zu verarbeiten, obwohl ich weiß, dass sie AS hat und dass sportliche Wettkämpfe eines ihrer Hauptinteressengebiete sind. Meine erste Reaktion war Ärger. Ich dachte im Stillen: „Wie kannst du nur so etwas sagen? Wen kümmert es, ob sie gewonnen oder verloren haben; darum geht es doch gar nicht.“ Ich sagte in dem Moment jedoch nichts dazu, weil sie grundsätzlich andere Menschen sehr wichtig nimmt. Aber manchmal reagiert sie eben so. Ich habe ihr für diese Bemerkung Verständnis entgegengebracht. Aber ich glaube nicht, dass andere Menschen so etwas verstehen, da es oberflächlich betrachtet sehr herzlos erscheint.

Vorhersehbarkeit und Regelmäßigkeit in der Umwelt

Für einen Teenager oder Erwachsenen mit AS kann das Bedürfnis nach Vorhersehbarkeit und Gleichförmigkeit sowohl ein Pluspunkt wie auch eine Belastung sein. Positiv gesehen kann es dazu führen, dass eine Person zu einem vorbildlichen Studenten oder Angestellten wird. Das Bedürfnis nach Regelmäßigkeit im Alltag drückt sich oft in Regeln und Gewohnheiten aus, die einer Person helfen, diszipliniert, ordentlich, gewissenhaft, beständig, loyal und pflichtbewusst zu sein, und das sind für Freunde, Kommilitonen, Kollegen und Mitbürger alles positive Eigenschaften.

Das starke Bedürfnis nach Vorhersehbarkeit und Regelmäßigkeit im Alltag kann aber auch zu einer Belastung werden, wenn die betreffende Person durch eine kleine Änderung in Stress gerät, was sich dann möglicherweise störend auf die Beziehungen zu Freunden, Mitschülern, Lehrern, Kollegen und dem sozialen Umfeld auswirken kann.

> Ich hatte schon immer ein starkes Bedürfnis nach Vorhersehbarkeit. Ich glaube, das kommt von der Nervosität und Ängstlichkeit, die ich in buchstäblich allen Situationen empfinde. Routine und Ordnung sind eigentlich die einzigen Dinge, die mir inneren Frieden vermitteln. Als Kind bin ich bei Veränderungen regelrecht ausgerastet, aber ich habe mich auf diesem Gebiet erheblich verbessert. Heute würde ich sagen, dass ich eine gleichbleibende Umwelt und Vorhersehbarkeit mag, aber ich sterbe nicht gleich, wenn sich etwas verändert. Ich versuche, meinen Tagesablauf einfach zu halten, aber es kommt immer mal wieder zu Störungen. Alles in allem führe ich ein glückliches Leben, aber ich mache mir immer über alles zu viele Gedanken.

Aufmerksamkeit und methodisches Vorgehen

Viele Teenager und Erwachsene mit AS haben Schwierigkeiten mit der Aufmerksamkeit und einem methodisches Vorgehen. Einige von ihnen haben nur eine kurze Aufmerksamkeitsspanne und können dadurch einer Sache nur über einen begrenzten Zeitraum hinweg ihre Aufmerksamkeit widmen. Andere leiden unter einer übersteigerten Wachsamkeit, was dazu führt, dass sich ihre Aufmerksamkeit auf „alles und jeden“ richtet. Manche Personen fühlen sich von sensorischen Reizen aus der Umwelt stark abgelenkt, andere von ihren eigenen Gedanken. Aufmerksamkeitsstörungen werden manchmal von Hyperaktivität begleitet. Das kann auch für andere Menschen problematisch sein.

Viele Teenager und Erwachsene berichten, dass sie vor ihrer AS-Diagnose zuerst mit einer Aufmerksamkeitsdefizitstörung (ADS) oder mit einer Aufmerksamkeitsdefizit-/Hyperaktivitätsstörung (ADHS) diagnostiziert worden waren. Das scheint zwei Gründe zu haben: Die typischen Verhaltensweisen können leichter beobachtet werden, und viele Ärzte fühlen sich mit dieser behandelbaren Diagnose vertrauter. Es gibt Menschen, die sowohl mit AS als auch mit ADS oder ADHS leben, aber das gilt nicht für alle.

Schwierigkeiten mit der Aufmerksamkeit können zu sozialen Problemen führen. Für eine klare Kommunikation ist es notwendig, sich auf den Gesprächspartner einzulassen. Menschen mit Aufmerksamkeitsdefiziten neigen eher dazu, anderen ins Wort zu fallen, abrupt das Thema zu wechseln, die Kommunikation des anderen nicht richtig zu verstehen oder selbst missverstanden zu werden.

Für ein offenes Gespräch sollten alle Geprächspartner bei ihrem Austausch vollkommen involviert sind. Eine vollständige Gesprächsbeteiligung erfordert aber, dass die Aufmerksamkeit neben der korrekten Körperhaltung auch auf das Zuhören und das Verarbeiten der einzelnen Wörter gerichtet ist, in gleichzeitiger Verbindung mit einer Analyse der verschiedenen Motive des Gesprächpartners. Aufmerksamkeitsdefizite können zu kommunikativen Missverständnissen und zu allgemeiner Desorganisation in allen Lebensbereichen führen. Dadurch können sich Probleme ergeben, wie z. B. Termine und Vorstellungsgespräche zu versäumen, unpünktlich zu sein, Abgabefristen nicht einzuhalten und Geburtstage zu vergessen. Solche Defizite können sich auch zu Hause zeigen, (z. B. ein unordentlicher Schreibtisch oder ein unaufgeräumtes Zimmer), was dazu führt, dass eine Person übermäßig viel Zeit aufwenden muss, um nach verlorengegangenen Dingen zu suchen, bzw. dass ihr wichtige Sachen nicht zum rechten Zeitpunkt zur Verfügung stehen. Unordnung und Planlosigkeit wiederum können Stress und Angst auslösen.

> Hausaufgaben sind etwas Fürchterliches. Ich versuche, sie ordentlich zu machen, werde dabei aber immer wieder von dummen Zwischenfällen gestört. Ich habe Hausaufgaben schon immer gehasst, weil ich finde, dass Schüler Schularbeiten in der Schule machen und dann zu Hause Zeit für Dinge haben sollten, die Spaß machen. Nun habe ich angefangen, meine Hausaufgaben zu machen, damit die anderen endlich aufhören, mich damit zu nerven. Ich habe vier Jahre benötigt, um wirklich zu begreifen, dass ich täglich jede Aufgabe aufschreiben muss, damit ich dann später weiß, welche Aufgaben ich machen muss. Man kann sich gar nicht vorstellen, wie frustrierend es für mich ist, jeden Tag so viel Energie darauf zu verwenden, meine Hausaufgaben aufzuschreiben, nur um dann ganz stolz nach Hause zu kommen und herauszufinden, dass ich nicht

das richtige Schulbuch bei mir habe. Das passiert andauernd, aber es liegt immer an etwas anderem. Ich kann einfach nicht gewinnen. Ich hasse Hausaufgaben!

Spezifische und stark ausgeprägte Interessen

Die intensive Beschäftigung mit ungewöhnlichen Interessen oder ein übermäßiges Interesse an bestimmten Themen oder Objekten ist charakteristisch für die meisten Menschen mit AS. Dazu gehören so besondere Bereiche wie Sportstatistiken zu rezitieren oder eine ungewöhnlich starke Fixierung auf das Wetter zu haben. In vielen Fällen sind die Themenbereiche ungewöhnlich, wie z. B. Außerirdische, Daten von Geburtstagen, Nummernschilder von Autos, Fahrpläne oder Busrouten. Manche Menschen wechseln ihre Spezialgebiete häufig, während andere viele Jahre lang ein einziges Gebiet beibehalten.

Stark ausgeprägte Interessen haben sowohl Vor- als auch Nachteile. Die Vorteile sind: Sie machen Spaß, füllen die Freizeit aus, sie garantieren eine größere Vorhersehbarkeit im Leben, sie erleichtern Gespräche, ein Mensch wird dadurch auf einem bestimmten Gebiet zu einem Experten, und häufig führen sie sogar zu einem erfolgreichen Berufsleben. Der Nachteil ist oft, dass sie eine enorme Zeit beanspruchen und daher zu wenig Raum lassen, um andere Fertigkeiten zu erwerben, die für eine erfolgreiche soziale Beziehung und ein selbstständiges Leben notwendig sind.

Seit meinem zehnten Lebensjahr bin ich von der Meteorologie fasziniert. Ich habe früher jede freie Minute damit verbracht, Artikel und Berichte, die mit Meteorologie zu tun hatten, zu lesen, zu studieren oder auszuwerten. Als ich elf war, begann ich die Wetterkarten und Tagesberichte über unser örtliches Wetter zu sammeln, einschließlich Aufzeichnungen über die Treffgenauigkeit unserer örtlichen Meteorologen. Ehrlich gesagt, war sie nicht sehr genau. Ich begann, meine eigenen Wettervorhersagen zu machen, und meine Treffgenauigkeit lag viel höher. Genau genommen lag ich mit meinen Vorhersagen zu 62,5 Prozent richtig, was ungefähr 20 Prozent besser war als die Treffgenauigkeit der besten Meteorologen in unserer Gegend. Mein Naturwissenschaftslehrer an meiner Highschool half mir dabei, an der Schule einen Meteorologie-Club zu gründen, wo ich andere Teenager treffen konnte, die ebenfalls Interesse am Wetter hatten. Einige Schüler fanden es ziemlich cool, dass ich das Wetter so genau vorhersagen konnte, und sie ließen mich jeden Morgen im Schulradio Wettervorhersagen machen. Aber natürlich gab das anderen Schülern einen Grund zum Hänseln. Ich besuchte schließlich das College und studierte Meteorologie im Hauptfach. Es war schwierig, im College zu leben, also wohnte ich schließlich wieder zu Hause und beendete meinen Bachelor-Studiengang per Internetstudium. Ich bin ganz zufrieden, weil ich zurzeit einen Teilzeitjob bei unserem örtlichen Wetterdienst habe. Ich würde gern Vollzeit arbeiten, aber im Moment nehme ich eben, was ich kriegen kann.

Die Schwierigkeit, sensorische Informationen zu verarbeiten

Viele Teenager und Erwachsene mit AS reagieren völlig anders als NTs auf sensorische Reize, und es fällt ihnen schwer, sensorische Informationen zu verarbeiten. Probleme können in folgenden Bereichen auftreten: Geräusche, Licht, Berührung, Beschaffenheit von Materialien, Geschmack, Geruch, Schmerz, Bewegung, Temperatur und andere Reize. Die ungewöhnlichen Reaktionen reichen von einer untypischen schwachen bis hin zu heftiger Überreaktion. Es wird angenommen, dass in solchen Fällen das zentrale Nervensystem sensorische Informationen nicht genau interpretieren kann, was zu einer Reaktion führt, die gemessen an Menschen ohne AS entweder unter- oder überdurchschnittlich ausgeprägt ist. Die Integrationsfähigkeit und die Reaktionen auf sensorische Informationen können sich in einer sorgfältig strukturierten Therapie verbessern. Auch berichten viele Teenager und Erwachsene, dass sich ihre Fähigkeit, mit sensorischen Schwierigkeiten umzugehen, mit zunehmendem Alter verbessert. Oft können sie dann auch das Leben ganz allgemein besser meistern. Viele merken, dass sie als Erwachsene mehr Kontrolle über ihre Umwelt haben und schwierige Situationen entweder verändern oder vermeiden können. Manche machen gute Erfahrungen mit Medikamenten, die ihren sensorischen Schwierigkeiten die Schärfe oder Intensität nehmen.

Als Gary klein war, musste ich ihn sorgfältig im Auge behalten. Er war ungeschickt und fiel dauernd hin oder stieß sich an Gegenständen. Er verletzte sich manchmal ziemlich schwer, aber er weinte selten. Als er zehn war, begann ich mir wegen seiner fehlenden Schmerzreaktionen Sorgen zu machen. Er fiel vom Fahrrad und schlug sich sein Knie so schlimm auf, dass es genäht werden musste. Das Problem war, dass ich erst eine Stunde später von dem Unfall erfuhr. Die Verletzung war für ihn kein Grund, gleich nach Hause zu kommen und Hilfe zu holen. Er kam erst heim, als ihn das Blut in seiner Socke störte. Er war nicht um sein Knie besorgt, aber er konnte es nicht ertragen, dass Blut an seiner Socke war. Ich verstehe es wirklich nicht, warum ihn die Socke und nicht das verletzte Knie gestört hat, aber in dieser Hinsicht war er mir schon immer ein Rätsel. Er trägt immer noch ausschließlich T-Shirts und Jogginghosen, dabei ist er inzwischen 35 Jahre alt.

Reaktionen auf sensorische Reize reichen von leicht bis heftig. Intensiv erlebte Reize und Reaktionen können das Leben eines Menschen massiv beeinträchtigen, vor allem wenn er dadurch seine Aktivitäten einschränkt, um nicht von unangenehmen sensorischen Erfahrungen bombardiert zu werden. Trotzdem können sie natürlich jederzeit auftauchen.

Unangenehme Erfahrungen haben weitreichende Konsequenzen. Wenn eine Person stark geruchsempfindlich ist, vermeidet sie es möglicherweise, neue Restaurants auszuprobieren oder bestimmte geruchsintensive Orte aufzusuchen. Sie kann vielleicht nicht in einem vollen Bus oder einer vollen U-Bahn fahren oder sich unter Menschen aufhalten, die Parfüm oder Aftershave benutzen. Ernährungsbedingte Einschränkungen beeinträchtigen unweigerlich auch das Sozialleben, da in sehr vielen Kulturen das Sozialleben in Verbindung mit dem Essen stattfindet, beispielsweise, wenn Mahlzeiten gemeinsam eingenommen werden. Manche Menschen können keine lauten oder überfüllten Orte aufsuchen. Das verhindert z. B. Konzertbesuche, Besuche von Einkaufs- oder Freizeitzentren oder Fahrten in die Stadt. Aversive Reaktionen auf Sinneseindrücke sind unangenehm und entkräftend und können Angst und Stress auslösen.

Motorische Ungeschicklichkeit

Viele Menschen mit AS haben motorische Schwierigkeiten, beispielsweise einen ungewöhnlichen Gang oder allgemeine grobmotorische Ungeschicklichkeiten. Ebenso können feinmotorische Koordinationsschwierigkeiten vorliegen, die sich z. B. auf die Handschrift und andere feinmotorische Aufgaben auswirken.

Körperhaltung und Bewegungen sind Formen der Kommunikation. Wenn sich eine Person in einer Weise bewegt, die nicht typisch ist, wird das von anderen bemerkt. Die Klischees und Vorurteile von anderen, die immer dann entstehen, wenn jemand anders aussieht, sich bewegt oder verhält, sind ein ernstes Problem und beeinträchtigen die Chancen eines Menschen mit AS, im Leben voranzukommen.

> In der Grundschule habe ich die Pausen gehasst, weil alle immer in irgendein sportliches Spiel verwickelt waren, während ich einfach nur herumlaufen, schaukeln oder ein Buch lesen wollte. Ich war nie besonders sportlich. In meiner Familie wird gern gegessen und viel unternommen, aber ich glaube nicht, dass man behaupten könnte, dass irgendjemand von uns besonders sportlich ist. Mein Vater war jahrelang der Anführer einer Pfadfindergruppe, also bin ich seiner Truppe beigetreten, als ich acht war. Ich mochte das Zelten im Freien eigentlich überhaupt nicht, und ich fühlte mich den anderen Kindern nie zugehörig, aber ich mochte das Wandern. Seit meiner Kindheit bin ich viel gewandert. Als ich älter wurde, bemerkte ich auf einigen langen Wanderungen, dass viele der Wanderwege in meiner Gegend Markierungen und Unterstände benötigten, also entwarf und baute ich im Zuge eines Pfadfinderprojekts zwei Unterstände auf einem stark benutzten Weg. Außerdem markierte ich den Weg und stellte einen Ratgeber mit Informationen zusammen, damit die Menschen Wissenswertes über den Wanderweg erfahren. Obwohl ich als Kind keine gute Koordination hatte und sie genau genommen auch jetzt noch nicht habe, bin ich gesund. Ich genieße das Wandern als mein Hobby und hoffe, dass ich bis in alle Ewigkeit in der Lage sein werde zu wandern.

Zusammenfassend kann man sagen, dass AS eine Behinderung ist, die Missverständnisse verursacht. Es leuchtet ein, dass es die ständigen, jedoch im Einzelnen unvorhersehbaren Missverständnisse einem Teenager oder Erwachsenen mit AS schwer machen, sich in einer Welt zurechtzufinden, die auf sozialen Beziehungen basiert. Besonders die Unvorhersehbarkeit der Umwelt löst eine konstante Nervosität und Ängstlichkeit bei vielen Menschen mit AS aus. Daher kommt es immer wieder vor, dass sich viele Teenager und Erwachsene mit AS zurückhalten und absondern, um die emotionale Belastung und die ständigen Auseinandersetzungen zu vermeiden.

Grandin (1999) schreibt, dass Angst das vorherrschende Gefühl eines Erwachsenen mit Autismus ist. Verständlicherweise reagiert eine Person, die ein auffälliges Sozialverhalten und kommunikative Schwierigkeiten hat, mit Angst und Nervosität auf eine soziale Umwelt, die sehr viele hoch entwickelte soziale Fertigkeiten und Verhaltensweisen abverlangt. Noch dazu sind die sozialen Regeln und Anforderungen oft nicht festgelegt und wechseln ständig.

Die Situation ist jedoch nicht hoffnungslos. Teenager und Erwachsene mit AS können definitiv Fortschritte erzielen, die positive Konsequenzen haben. Denken Sie daran, dass einige der aufgelisteten Defizite auch zu Pluspunkten umgedeutet werden können (Bolick, 2001).

Eine Person mit AS ist von Natur aus frei von vielen der sozialen Verhaltensweisen, die Menschen an Konventionen binden. Diese Freiheit ermöglicht es ihr, außerhalb von vorgegebenen Strukturen zu denken, was auch zu kreativen Lösungen vieler komplexer Probleme führen kann. Cohen-Baron hat zwei berühmte Physiker posthum untersucht, Sir Isaac Newton und Albert Einstein. Newton entdeckte die Gesetze der Schwerkraft, und Einstein entwickelte die Relativitätstheorie. Cohen-Barons Untersuchung ergab, dass beide Männer viele für AS typische Charakteristika aufwiesen (Derbyshire, 2003). Obwohl Cohen-Baron zugibt, dass es unmöglich ist, posthum eine korrekte Diagnose zu stellen, ist die Mutmaßung interessant, dass die beiden Physiker unbelastet von Konventionen waren, was ihnen die Freiheit gab, spektakuläre Entdeckungen zu machen. Möglicherweise waren es auch Newtons und Einsteins stark ausgeprägte Interessen, die ihre unermüdlichen Bestrebungen um wissenschaftliche Entdeckungen antrieben.

Die Präferenz vieler Menschen mit AS für Vorhersehbarkeit und Regelmäßigkeit der Umwelt kann dazu führen, dass eine Person aufgrund ihrer natürlichen Neigung, Regeln einzuhalten und Erwartungen zu erfüllen, zu einem vorbildlichen Studenten oder Angestellten wird oder einen starken persönlichen Gerechtigkeitssinn entwickelt. Dieser wiederum kann zu einem ausgeprägten Sinn für soziale Gerechtigkeit und Ehrlichkeit führen. Das sind zwei Haltungen, die in jeder Gesellschaft dringend benötigt werden.

Um die soziale Situation von Teenagern und Erwachsenen mit AS noch besser begreifen zu können, sollte man die komplexen sozialen Strukturen der Gesellschaft verstehen. Im nächsten Kapitel geht es daher um soziale und kommunikative Anforderungen.

1. Die Welt sozialer Beziehungen

Was sind soziale Kompetenzen?

Soziale Kompetenzen sind Fertigkeiten und Verhaltensweisen, die wir brauchen und die von uns erwartet werden, um mit anderen zu interagieren, dazu gehören Empathie, die Perspektivenübernahme, das Hineinfühlen und die Akzeptanz anderer Menschen. Sie basieren auf den sozialen Normen unserer Gesellschaft und verdeutlichen, welche Haltungen und Verhaltensweisen in einer bestimmten Situation vorausgesetzt und als normal und akzeptabel angesehen werden.

Soziale Kompetenzen sollte jeder Menschen haben. Dank ihnen können wir auf klare und vorhersagbare Weise miteinander interagieren, sie erleichtern uns somit das gegenseitige Verständnis. Ohne vereinbarte soziale Interaktionsmethoden ist es sehr schwer, Missverständnisse zu verhindern.

Ebenso verständlich ist es, dass Menschen mit gut entwickelten sozialen Fähigkeiten bei anderen Mitgliedern der Gesellschaft im Allgemeinen als kompetent, erfolgreich und sympathisch gelten. Menschen, denen soziale Fähigkeiten fehlen, werden dagegen von der Gesellschaft oft als unbeholfen angesehen. Die Unfähigkeit, angemessen soziale Kompetenzen auszuleben, kann zu Isolation, Einsamkeit, Frustration, mangelndem Selbstbewusstsein und dem Gefühl, abgelehnt zu werden, führen. Menschen mit AS sollten daher verstehen, dass diese Unfähigkeit das Resultat ihrer Behinderung ist und weder ihrer bewussten Steuerung unterliegt, noch auf einem Mangel an Erziehung oder persönlicher Anstrengung basiert.

Für die Gesellschaft sind soziale Fähigkeiten wichtig, weil sie Ordnung und Vorhersehbarkeit bieten, außerdem übertragen sie die moralischen Maßstäbe, Werte, Motive, sozialen Rollen, Sprache und Symbole von einer Generation auf die nächste. Alle diese Aspekte werden als Grundpfeiler der Gesellschaft angesehen.

Soziale Fähigkeiten bestehen aus drei grundlegenden Elementen: der Aufnahme, dem inneren Verarbeitungsprozess und der Wiedergabe.

1. Aufnahme meint, wie wir Worte, Tonfall, Körpersprache, Blickkontakt, Körperhaltung, Gestik und andere kulturell bedingte Verhaltensweisen, die eine Mitteilung begleiten, begreifen und verstehen.
2. Der innere Verarbeitungsprozess bezieht sich auf unsere Interpretation der Mitteilung, wie gehen wir mit allen Ebenen der Mitteilung um, also auch mit unseren eigenen Emotionen und Reaktionen.

3. Die Wiedergabe ist unsere Reaktion auf die Mitteilung, wie reagieren wir mit unseren eigenen Worten, Tonfall, Körpersprache, Blickkontakt, Körperhaltung, Gestik und kulturell bedingten Verhaltensweisen.

Soziale Fähigkeiten sind erlernte Verhaltensweisen, das sollte jeder wissen. Die Familie ist der erste Ort, an dem sie vermittelt werden, dank Schule und Umwelt werden sie verstärkt. Soziale Fähigkeiten kann man durch viele Methoden vermitteln, z. B. durch Regeln und Normen für akzeptables Verhalten, durch Nachahmen und Beobachten des Sozialverhaltens anderer und durch direkte Anweisungen. Kinder lernen durch die Anwendung sozialer Fähigkeiten, wie sie in schwierigen Situationen auf akzeptable Art und Weise reagieren können. Soziale Kompetenzen werden durch Unterstützung oder Verstärkung gefördert und durch Ignorieren oder Bestrafung verhindert.

Wenn Sie ein Teenager oder Erwachsener mit AS oder eine Betreuungsperson sind, sollten Sie wissen, dass die oben genannten Methoden grundsätzlich nur bei neurotypischen Kindern und Teenagern gut funktionieren. Bei Kindern und Teenagern mit AS sind sie dagegen nicht so effektiv. Neurotypische Menschen (NTs) lernen durch Anleitung, und sie besitzen außerdem eine enorme Fähigkeit, durch Beobachtung und Interpretation des Verhaltens anderer Menschen zu lernen. NTs sind dazu in der Lage, weil sie die Perspektiven von anderen interpretieren können. Leider gilt das nur selten für eine Person mit AS, deren Schwierigkeiten hinsichtlich der Perspektivenübernahme die Genauigkeit der Interpretation einer Beobachtung beeinträchtigen. Grundlegende soziale Fertigkeiten müssen durch direkte Instruktion vermittelt werden in Verbindung mit Möglichkeiten, das Erlernte über einen längeren Zeitraum hinweg umzusetzen und zu üben. Sobald durch die Methode der direkten Instruktion ein elementares soziales Verständnis erreicht ist, kann ein älterer Teenager oder ein Erwachsener mit AS von einem weniger direkten, aber dennoch geführten Ansatz profitieren, der die versierte Beobachtung als zentrale Strategie mit einbezieht.

Erfolgreiche soziale Interaktionen setzen folgende spezifischen Fertigkeiten voraus:

- das Verwenden angemessener Begrüßungs- und Abschiedsformeln;
- sich abwechseln;
- geduldig sein;
- höflich und zuvorkommend sein;
- freundlich sein;
- respektvoll sein;
- anderen zuhören;
- abwarten, bis man mit dem Sprechen an der Reihe ist;
- andere loben;
- wissen, welche Witze man wo erzählen darf und welche nicht;

- ➢ wissen, welche Gesprächsthemen für welches Publikum angemessen sind;
- ➢ persönlichen Raum (Grenzen) des anderen respektieren;
- ➢ keine negativen Kommentare über andere Menschen abgeben;
- ➢ andere Menschen nicht beschimpfen;
- ➢ nicht fluchen oder obszöne Gesten machen;
- ➢ gute Manieren zeigen.

Diese Liste sozialer Fähigkeiten ist wichtig und muss vermittelt werden. Die beste Methode hierfür ist die direkte Instruktion in Verbindung mit vielen Übungsmöglichkeiten. Die meisten dieser Fähigkeiten sollten im Allgemeinen während der Kindheit und frühen Teenagerzeit vermittelt werden, aber manche Teenager und Erwachsene benötigen oder verlangen nach einer Auffrischung. Wenn das der Fall ist, fängt man am besten so an, dass man zuerst das Konzept, das der jeweiligen Verhaltensweise zugrunde liegt, vermittelt und danach den Teenager oder Erwachsenen unterstützt, während er die Verhaltensweisen in verschiedenen Situationen anwendet. Wie man ein Konzept vermittelt, wird an folgenden Schritten deutlich gemacht.

Beispiel für ein Konzept: Andere loben

1. Definieren Sie das Konzept: Loben ist eine Möglichkeit, Anerkennung oder Bewunderung auszudrücken.
2. Listen Sie die wesentlichen Merkmale auf: ein Akt, ein Ausdruck, Anerkennung oder Bewunderung.
3. Geben Sie positive Beispiele:
   - Sie sind ein sehr netter Mensch.
   - Deine Frisur ist hübsch.
   - Mir hat es gefallen, wie du diese Geschichte erzählt hast.
4. Geben Sie negative Beispiele:
   - Sie sind ein schlechter Lehrer.
   - Das ist ein hässliches Kleid.
   - Ich glaube, du bist ganz nett, aber ich möchte dir das nicht sagen.
5. Bilden Sie einen Prototyp, d. h. das beste Beispiel für das Aussprechen eines Lobes.
   - Du bist ein wunderbarer Mensch und ich finde, du bist einfach der Beste.
6. Geben Sie dem Lernenden Gelegenheit, positive und negative Beispiele für den Akt, andere zu loben, zu bestimmen und zu unterscheiden.
7. Denken Sie sich Rollenspiele oder geschriebene Vorlagen aus, um für sich Übungsmöglichkeiten zu schaffen, wie man anderen Menschen gegenüber ein Lob ausspricht.

Nachdem das Konzept des Lobens unterrichtet und diese Fertigkeit einzeln geübt wurde, ist es an der Zeit, sie auszuweiten und auf andere Situationen zu übertragen. Nun können die Aspekte Beobachtung und Reflexion eingeführt werden. Während jeder praktischen Übungseinheit lassen Sie das Kind oder den Teenager Beobachtungen notieren, und danach stellen Sie einen Zeitraum für die Reflexion zur Verfügung. Wenden Sie diesen Prozess bei jeder einzelnen Fertigkeit und Verhaltensweise an, und ermutigen Sie die Person zu persönlicher Beobachtung, Reflexion und Analyse.

Bei älteren Teenagern und Erwachsenen sind die Methoden, soziale Fähigkeiten zu vermitteln, anders als bei Kindern. Erstere besitzen zwar meistens schon ein gutes Verständnis der sozialen Regeln, es fällt ihnen jedoch schwer, diese im wirklichen Leben anzuwenden. Für einen Teenager oder Erwachsenen ist das Einprägen jeder einzelnen Regel nicht sehr effektiv, weil diese Methode bei unerwarteten Veränderungen nicht funktioniert. Im Hinblick auf die schnell wechselnden sozialen Regeln in vielen Lebensbereichen, besteht dadurch ein größeres Risiko zu versagen.

Jede Generation versucht, die sozialen Normen ihrer Zeit zu verändern. Dieser Wunsch nach Veränderung tritt üblicherweise in der Teenagerzeit auf. Meine Generation beispielsweise setzte durch, dass das Tragen von Jeans zu ganz unterschiedlichen Anlässen allgemein akzeptiert wurde. Das wurde von unseren Eltern noch als ungehörig betrachtet. Andere Generationen haben soziale Normen auf andere Weise verändert. Früher war es z. B. üblich, durch sprachliche Förmlichkeit Respekt vor dem Alter auszudrücken; das hat sich durch die weite Verbreitung einer saloppen Umgangssprache verändert. Weitere Veränderungen betrafen die Rollen von Männern und Frauen in sozialen Interaktionen.

Wir leben in einer Zeit, in der sich die sozialen Normen sehr schnell verändern. Es ist nahezu unmöglich, dass ein Mensch jede soziale Fähigkeit oder Verhaltensweise, die für jede einzelne Situation erforderlich ist, kennt und meistert. Grandin stellt sich die Frage, ob das für die Betroffenen eine Entschuldigung sein kann, die eigenen Bemühungen, sich in der Gesellschaft angemessen zu verhalten, beiseitezulegen. Ihre Antwort lautet „Nein“, und sie schreibt weiter: „Ich denke, dass soziale Lernprozesse nie völlig abgeschlossen sind“ (Grandin & Barron, 2005, S. 24).

Grandin und Barron (2005, S. 119) schlagen vor, dass man, anstatt zu versuchen spezifische soziale Fertigkeiten für einzelne Situationen zu trainieren, lieber breit gefächerte Grundlagen vermitteln sollte, die unabhängig von Alter und sozialer Situation durchgängig anwendbar sind. Sie nennen diese Grundlagen „Die zehn ungeschriebenen Regeln sozialer Beziehungen“ und vertreten die Ansicht, dass die Kenntnis dieser zehn Regeln zu einem erhöhten sozialen Bewusstsein führen wird. Die Regeln lauten:

„1. Regeln sind nicht absolut gültig. Sie sind immer von bestimmten Situationen und von bestimmten Personen abhängig.
2. Im großen Weltenplan haben nicht alle Dinge die gleiche Wichtigkeit.
3. Jeder Mensch auf dieser Welt macht Fehler. Das muss nicht gleich deinen Tag ruinieren.
4. Ehrlichkeit unterscheidet sich von Diplomatie.
5. Höflichkeit ist in jeder Situation angemessen.
6. Nicht jeder, der nett zu mir ist, ist mein Freund.
7. Menschen verhalten sich in der Öffentlichkeit anders als in ihrer Privatsphäre.
8. Sei dir darüber bewusst, wann du beginnst, andere zu nerven.
9. ‚Dazuzugehören' hat oft damit zu tun, dass du auch so aussiehst und sprichst, als würdest du dazugehören.
10 Jeder Mensch ist für sein eigenes Verhalten verantwortlich." (Ebd.)

Was sind kommunikative Kompetenzen?

Kommunikative Kompetenzen sind die notwendigen Fähigkeiten, um Informationen, Gedanken, Meinungen, Ideen und Gefühle klar und deutlich auszutauschen. Durch Kommunikation, durch Verständigung erhalten wir Informationen, die wir zum Überleben benötigen.

Zur Kommunikation gehört unsere Wortwahl, die Art und Weise, wie wir etwas sagen, ebenso wie unsere nonverbalen Mitteilungen. Die Worte, die wir verwenden, stammen aus unserer Sprache. Wie wir etwas sagen, wird durch die paralinguistischen Regeln unserer Sprache bestimmt; und zur nonverbalen Kommunikation gehören wortlose Mitteilungen, die wir durch unsere Körpersprache aussenden. Paralinguistische Elemente werden vom Sprecher dazu verwendet, in der Kommunikation bestimmte Betonungen zu setzen, um mehr Klarheit für den Zuhörer zu schaffen.

Gespräche benötigen einen Sprecher und mindestens einen Zuhörer. Es ist die Aufgabe des Sprechers, klare und präzise Mitteilungen auszusenden. Die Aufgabe des Zuhörers wiederum ist es, die vom Sprecher ausgesendete Mitteilung zu empfangen und korrekt zu interpretieren. Um ein erfolgreicher Gesprächspartner zu werden, muss man sowohl die Kompetenzen, die für den Sprecher erforderlich sind, als auch jene, die der Zuhörer benötigt, entwickeln.

Der Sprecher

Sprechen ist ein Vorgang, um verbale Mitteilungen an andere zu senden. Der Sprecher ist die Person, die solche Mitteilungen aussendet. Als Sprecher muss man in der Lage sein, eine klare und präzise Mitteilung zu machen. Dafür benötigt man gute Kenntnisse der eigenen Sprache und der paralinguistischen Elemente, die die verbale Kommunikation unterstützen, sowie Kenntnisse über nonverbale Kommunikation. Man muss außerdem darauf achten, dass die Mitteilung vom Zuhörer gehört und verstanden wird.

Es liegt in der Verantwortung des Sprechers, die Mitteilung so darzulegen, dass sie vom Zuhörer verstanden wird, d. h., der Sprecher muss in der Lage sein, die Perspektive des Zuhörers zu übernehmen.

Der Zuhörer

Zuhören ist der Schlüssel, um Mitteilungen zu empfangen. Der Zuhörer ist die Person, die die Mitteilung verstehen muss. Zuhören ist eine Kombination aus dem Hören, was eine andere Person sagt, und einer psychologischen Interaktion mit der sprechenden Person (Windle & Warren, 1999). Aufmerksames Zuhören erfordert mehr als das reine Hören von Worten. Es erfordert den Wunsch, einen anderen Menschen zu verstehen, eine Haltung des Respekts und der Akzeptanz sowie die Bereitschaft, die Dinge aus der Perspektive eines anderen zu sehen.

> Beim Zuhören innerhalb eines Dialoges geht es mehr darum, die Bedeutung zu hören, als die Worte ... Wahres Zuhören bedeutet, dass wir hinter die Worte gehen, durch sie hindurchsehen, um die Person zu finden, die sich in ihnen offenbart. Zuhören ist eine Suche, um den Schatz der „wahren Person" zu finden, so wie sie sich verbal und nonverbal zeigt. Natürlich gibt es immer ein semantisches Problem. Die Worte haben für dich eine andere Bedeutung als für mich. Infolgedessen kann ich dir nie erzählen, was du gesagt hast, sondern nur, was ich gehört habe. Ich muss das, was du gesagt hast, neu formulieren und mit dir zusammen überprüfen, um sicherzugehen, dass das, was deinen Geist und dein Herz verlassen hat, in meinem Geist und in meinem Herzen vollständig und ohne Verzerrung angekommen ist. (Powell, 1990, S. 140)

Zuhören erfordert ein großes Maß an Konzentration und Energie. Es verlangt, dass der Zuhörer seine eigenen Gedanken und Intentionen beiseiteschiebt. Wahres Zuhören erfordert wertfreies Urteilen, sorgfältiges Einschätzen und offen gezeigte Anerkennung, um den Bezugsrahmen, die Emotionen und die Ansichten eines anderen Menschen zu verstehen. Zuhören, mit der Absicht den anderen richtig zu verstehen, ist wahrlich ein schwieriges Unterfangen (Windle & Warren, 1999).

Die spezifischen Kompetenzen, die für erfolgreiches Zuhören notwendig sind, beinhalten, dass man dem Sprecher die volle Aufmerksamkeit schenkt und ihn genau beobachtet, um sich dann zu überlegen, was er wirklich mitteilen möchte (Bolton, 1979). Der Zuhörer muss sowohl auf die verbale als auch auf die nonverbale Mitteilung achten. Ein guter Zuhörer beugt sich leicht in die Richtung des Sprechers, schaut ihm ins Gesicht, nimmt eine offene Haltung ein, bei der die Arme nicht gekreuzt sind, hält einen angemessenen Abstand zum Sprecher ein und gibt ihm durch Kopfnicken und einen positiven Gesichtsausdruck ein nonverbales Feedback (Bolton, 1979).

Die Mitteilungen des Sprechers werden verständlich, wenn der Zuhörer auf dessen Worte und Gefühle sowie auf seine nonverbale Kommunikation und die begleitenden paralinguistischen Elemente achtet. Der Zuhörer muss versuchen, die Perspektive des Sprechers zu übernehmen und die Unterhaltung aus seinem Blickwinkel zu sehen.

Sprache

Unsere Sprache ist ein Kommunikationssystem, das aus vereinbarten Symbolen besteht, die wir zusammen mit anderen Menschen benutzen, um Ideen, Gedanken, Ansichten, Tatsachen und Gefühle auszudrücken und auszutauschen. Sprache wird durch Nachahmung und Übung erlernt.

Um eine Sprache sprechen zu können, müssen wir die entsprechenden linguistischen Kenntnisse erwerben, einschließlich der Laute, Wortbedeutungen, Grammatik und sozialen Anwendung der Sprache. Die Sprachentwicklung vollzieht sich normalerweise graduell ab der Geburt bis zum Alter von ungefähr acht Jahren, bis die meisten Laute und Strukturen der Sprache etabliert sind. Die Komplexität der Sprache entwickelt sich weiter, wenn neues Vokabular und neue Konzepte erworben werden.

Mehrabian (1972) entdeckte, dass in einer Unterhaltung, in der es um Gefühle und Ansichten geht, die Worte nur 7 Prozent der Gesamtbedeutung ausmachen, er schrieb 93 Prozent der Bedeutung anderen Variablen zu.

Paralinguistische Elemente

Paralinguistische Elemente werden beim Sprechen benutzt, um in der Kommunikation Klarheit zu schaffen und Betonungen zu setzen. Dazu gehören Tonhöhe, Lautstärke, Rhythmus, Betonung und Intonation. Sie beschäftigen sich damit, wie etwas gesagt wird, und nicht mit dem Inhalt des Gesagten.

Die Tonhöhe bezieht sich auf den Klang der Stimme – hoch oder tief – und wird auf der Hertz-Skala gemessen. Die Lautstärke dagegen bezeichnet das

Stimmvolumen – laut oder leise – und wird in Dezibel gemessen. Mit Rhythmus ist das metrische Muster der Sprache gemeint, das in jeder Sprache unterschiedlich ist. Das Hervorheben von bestimmten Wörtern in einer Kommunikation nennt man Betonung, was die beabsichtigte Mitteilung verändern kann, je nachdem, welches Wort betont ausgesprochen wird. Paralinguistische Elemente verstärken die Klarheit der beabsichtigten Mitteilung, daher sind sie für das gegenseitige Verständnis notwendig.

Um den Einfluss von paralinguistischen Elementen in der Sprache zu demonstrieren, soll anhand des folgenden Satzes die Wirkung von unterschiedlicher Betonung untersucht werden. Wenn ich bei der Aussage: „Ich habe nicht gesagt, dass du das Fenster kaputt gemacht hast", einzelne Worte unterschiedlich betone, verändert sich die Bedeutung des Satzes jedes Mal erheblich:

1. „ICH habe nicht gesagt, dass du das Fenster kaputt gemacht hast", impliziert, dass ich zwar nicht diese Bemerkung gemacht habe, eine andere Person diese Behauptung jedoch aufgestellt hat.
2. „Ich habe NICHT gesagt, dass du das Fenster kaputt gemacht hast", drückt meine Verärgerung darüber aus, dass ich beschuldigt werde, behauptet zu haben, dass du das Fenster kaputt gemacht hast.
3. „Ich habe nicht GESAGT, dass du das Fenster kaputt gemacht hast", impliziert, dass ich die Tatsache, dass du das Fenster kaputt gemacht hast, vielleicht auf eine andere Art kommuniziert habe, beispielsweise, indem ich es mir notiert habe oder es jemandem durch Gestikulation mitgeteilt habe.
4. „Ich habe nicht gesagt, dass DU das Fenster kaputt gemacht hast", gibt zwar zu, dass ich über ein zerbrochenes Fenster gesprochen habe, ich habe aber nicht behauptet, dass du das Fenster kaputt gemacht hast; vielleicht meine ich damit, dass jemand anderes das Fenster kaputt gemacht hat.
5. „Ich habe nicht gesagt, dass du das Fenster KAPUTT GEMACHT hast", meint vielleicht, dass du das Glas nur leicht beschädigt hast.
6. „Ich habe nicht gesagt, dass du das FENSTER kaputt gemacht hast", könnte bedeuten, dass du etwas anderes kaputt gemacht hast, möglicherweise nur den Rahmen oder nur das Glas.

Durch die unterschiedliche Betonung einzelner Worte wird in dem Satz jedes Mal die zugrundeliegende Bedeutung signifikant verändert. Wenn ein Satz, der aus elf Wörtern besteht, aufgrund von Veränderungen der Betonung sechs verschiedene Bedeutungen haben kann, kann man sich vorstellen, wie kompliziert es ist, Sprache richtig zu interpretieren.

Intonation bedeutet der spezifische Tonhöhenverlauf der Stimme, der innerhalb einer Sprache bestimmte grammatikalische Merkmale kennzeichnet. Ein Beispiel hierfür wäre, dass man im Deutschen und Englischen am Ende des Satzes die Stimme senkt, wenn man eine Behauptung aufstellt. Andere Beispiele sind das Heben der Stimme bei einer Frage oder eine abrupte, energische Äußerung am Ende eines Satzes, um einen Ausruf zu kennzeichnen. Gefühle wie Freude, Frustration, Wut und Angst werden mit unterschiedlicher Intonation ausgedrückt. Wenn sich jemand in einer bedrohlichen Situation befindet, schreit er möglicherweise das Wort „Hilfe“ und erhöht dabei die Lautstärke seiner Stimme. Das bewirkt bei anderen das Gefühl, dass die betreffende Person dringend Hilfe braucht. Wenn sich eine Person durch eine Situation peinlich berührt fühlt und etwas sagen möchte, um ihre Würde wiederherzustellen, sagt sie möglicherweise ebenfalls das Wort „Hilfe“, hebt dabei jedoch die Tonhöhe ihrer Stimme an und spricht gleichzeitig leiser. Das wird dazu führen, dass der Zuhörer eine schüchterne oder befangene Person hört, die einen anderen Menschen in einem leicht verschämten Tonfall um Nachsicht bittet.

Mehrabian (1972) hat herausgefunden, dass in einer Unterhaltung, in der es um Gefühle und Einstellungen geht, allein die paralinguistischen Elemente 38 Prozent der Gesamtbedeutung ausmachen. Paralinguistische Elemente und Worte zusammen machen 45 Prozent der Bedeutung aus.

Nonverbale Kommunikation

Wenn wortlose Botschaften ausgesendet und empfangen werden, nennt man das nonverbale Kommunikation. Ein nonverbales Gespräch wird mittels Mimik, Augenkontakt, Gestik, Körpersprache und Körperhaltung geführt.

Mimik entsteht durch die Veränderungen und Positionen der Gesichtsmuskeln. Diese Bewegungen übermitteln anderen Menschen wortlose Botschaften und Informationen, die den emotionalen Zustand des Sprechers darstellen. Ein lächelndes Gesicht kann Vergnügen oder Zufriedenheit bedeuten, während Stirnrunzeln eventuell Unzufriedenheit oder Traurigkeit ausdrückt. Die Augen sind besonders ausdrucksstark beim Vermitteln von Traurigkeit, Verärgerung, Frustration, Verwirrung, Glück und Zufriedenheit.

Die Bewegungen des Körpers nennt man Gestik, die ebenfalls nonverbale Mitteilungen übermitteln. Die Bedeutung einer Geste hängt zumeist von der betreffenden Kultur ab, in der sie verwendet wird. Wenn beispielsweise in Deutschland jemand Daumen und Zeigefinger zu einem Ring zusammenführt und hochhält und dabei die restlichen Finger abspreizt, bedeutet es Lob. Dieselbe Geste in Italien verwendet ist ein schlimmes Schimpfwort.

Auch die Körperhaltung kann noverbale Botschaften übermitteln, z.B. durch die Form und Position des Rumpfes in Bezug auf Arme und Beine. Wenn die Arme eng über der Brust verkreuzt sind, kann es Dickköpfigkeit oder Unsicherheit vermitteln, während Arme, die locker herunterhängen, Flexibilität und Vertrauen kommunizieren. Wenn sich Menschen aufrecht hinsetzen und etwas nach vorn lehnen, vermitteln sie ihrem Gesprächspartnern den Eindruck, dass sie daran interessiert sind, was andere sagen; lehnen sie sich zurück, scheinen sie Macht und Selbstbeherrschung oder auch Ruhe auszustrahlen.

Menschen senden auch dann Botschaften durch nonverbale Kommunikation, wenn sie es vielleicht gar nicht möchten. Der menschliche Körper kommuniziert eben immer – auch ohne Erlaubnis.

Mehrabian (1972) hat herausgefunden, dass nonverbale Kommunikation 55 Prozent der Gesamtbedeutung ausmacht, wenn man über Gefühle und Einstellungen spricht. Das bedeutet, dass von allen drei Teilen des Kommunikationsprozesses (Worte, paralinguistische Elemente und nonverbale Kommunikation) die nonverbale Kommunikation der größte Bedeutungsträger ist.

Mehrabians Forschungsergebnisse zeigen, wie wichtig andere Faktoren neben den eigentlichen Worten sind, wenn man (als Sprecher) eine Bedeutung vermitteln möchte oder (als Zuhörer) eine Bedeutung interpretiert. Man muss jedoch auf den Kontext der Kommunikation achten, da Mehrabians Studie sich in erster Linie auf Gespräche konzentrierte, in denen Gefühle und Einstellungen ausgedrückt werden. Daher sollte man seine Ergebnisse nicht verallgemeinern und auf sämtliche Arten der Kommunikation beziehen. Alles in allem ist es jedoch wichtig zu wissen, dass eine bedeutsame Kommunikation aus Worten, paralinguistischen Elementen und nonverbaler Kommunikation besteht.

Um erfolgreich zu kommunizieren, muss eine Person sowohl gut zuhören als auch gut sprechen können, aber das ist noch nicht alles. Jemand mag zwar hoch entwickelte Sprachkenntnisse besitzen, aber solange er diese nicht auf unterschiedliche soziale Situationen beziehen und anwenden kann, wird die Effektivität beeinträchtigt sein.

Was verbindet soziale und kommunikative Kompetenzen?

Soziale und kommunikative Kompetenzen gehören zur Pragmatik, zur Lehre der Sprache, sie verbinden sich in der Sachlichkeit. In jeder Sprache bildet die Pragmatik die Standards oder Regeln für den sozialen Sprachgebrauch. Erst wenn sowohl der Sprecher als auch der Zuhörer diese Regeln beherrscht, kann eine klare, erfolgreiche und bedeutsame Kommunikation entstehen. Laut Gleason (2001) ist die Pragmatik der Gebrauch von Sprache, um die eigenen Intentionen auszudrücken und die Anforderungen des Lebens erfolgreich zu bewältigen.

In der Pragmatik sind die Regeln für Konversation und Kommunikationsprozess festgeschrieben. Zu den gängigen Regeln der Konversation gehören: das Sichabwechseln beim Reden, die Ebene der Förmlichkeit sowie das Aufrechterhalten eines Themas. Unter den Kommunikationsprozess fasst man: die angemessene Sprachgeschwindigkeit, Tonhöhe, Betonung, Intonation und Lautstärke sowie die Quantität, Qualität und Deutlichkeit der Informationen.

Wenn diese Regeln missachtet werden, merkt man schnell, dass etwas nicht stimmt. Die gute Nachricht ist, dass die Pragmatik auch jene Regeln miteinschließt, die bestimmen, wie Konversationen durch Änderungsstrategien „repariert" werden können.

Schön wäre es, wenn soziale Kompetenzen leicht erlernbar und für jeden zugänglich wären, aber vor allem für Teenager und Erwachsene mit AS ist das nicht der Fall. AS ist eine Behinderung, die den Erwerb und die angemessene Anwendung sozialer Kompetenzen, einschließlich des sozialen Sprachgebrauchs, negativ beeinflusst, aber die Situation ist nicht hoffnungslos. Auch Teenager und Erwachsene mit AS können soziale Kompetenzen erwerben, wenn sie aktiv am Lernprozess teilnehmen und ihnen in klaren Schritten gezeigt wird, wie man Fortschritte erzielen kann.

Schritte zur Verbesserung der sozialen Kompetenz

Soziales Bewusstsein und soziale Kompetenz können mit folgende Methoden bei Teenagern oder Erwachsenen mit AS allmählich verbessert werden: genaue Beobachtung der Umwelt, Selbstüberprüfung, Analyse, die Anwendung von auf die persönlichen Bedürfnisse zugeschnittenen Strategien sowie kontinuierliche Evaluierung. Im Folgenden werden die einzelnen Schritte genauer beschrieben, gefolgt von praktischen Vorschlägen, wie man am besten anfängt.

Durch *genaue Beobachtung der Umwelt* werden Gespräche oder Geschehnisse wahrgenommen und erkannt, die im eigenen sozialen Umfeld auftreten. Man beobachtet seine soziale Umgebung sorgfältig und mit großer Aufmerksamkeit, um sie beurteilen zu können. Einen Lösungsweg für persönliche Fortschritte findet man, wenn man sich vor allem auf die Menschen und Interaktionen im eigenen Umfeld konzentriert, d. h., ihre Sprache und Verhaltensweisen beobachtet und versucht, unter die Oberfläche zu schauen und die zugrunde liegenden Perspektiven oder Sichtweisen zu entschlüsseln. Außerdem muss man sowohl die Reaktionen von anderen als auch die eigenen Reaktionen untersuchen. Man kann sich die Beobachtungen aufschreiben, aufzeichnen oder merken. Wenn man kein gutes Gedächtnis hat oder zur Unaufmerksamkeit tendiert, ist es am besten, sich alles aufzuschreiben.

Teenagern oder Erwachsenen mit AS fällt es nicht leicht, Fertigkeiten zu entwickeln, um zu akkuraten Interpretationen ihrer Beobachtungen zu gelangen. Jeder Mensch sieht die Welt, einschließlich zwischenmenschlicher Interaktionen, auf der Basis seiner eigenen Erfahrungen. Wir alle haben, bildlich gesprochen, bestimmte Brillengläser oder Filter vor unseren Augen, die beeinflussen, wie wir das, was wir sehen, interpretieren. Unsere Filter werden vor allem von unseren Fähigkeiten und Fertigkeiten, unserer Lebenserfahrung, Kultur und Sprache beeinflusst.

Für einen Menschen mit AS ist es aus vielerlei Gründen schwierig, die soziale Umwelt zu beobachten. Manche Experten sind der Ansicht, dass Defizite hinsichtlich des logischen Denkens und der Urteilskraft bestehen, die die Genauigkeit der Interpretation von sozialen Verhaltensweisen negativ beeinflussen. Teenager und Erwachsene, die ihre Beobachtungsgabe entwickeln möchten, benötigen dafür eventuell „ein zweites Paar Augen". Damit ist eine andere Person gemeint, die eine gute Beobachtungsgabe besitzt und als „Interrater" fungiert. Der Begriff „Interrater-Reliabilität" beschreibt in der Sozialwissenschaft den Vorgang, bei dem zwei Menschen dasselbe Ereignis zur selben Zeit beobachten, aufzeichnen und schließlich ihre Beobachtungen vergleichen. Es wird das Ausmaß bestimmt, in dem die Beobachtungen zweier Menschen übereinstimmen.

Folgendes Szenario ist ein Beispiel für einen Interrater-Reliabilitäts-Test: Sie und eine weitere Person nehmen sich vor, in einen Park zu gehen und zu beobachten, wie oft eine bestimmte Mutter ihrem Kind gegenüber eine liebevolle Geste zeigt, z. B. Umarmungen, Tätscheln, Lächeln, Küsse und anerkennende Worte. Während einer vorher festgelegten Zeitspanne beobachten Sie unabhängig von der anderen Person die Mutter und das Kind und legen eine Liste an: Jedes Mal, wenn Sie meinen, eine wirklich liebevolle Geste zu beobachten, machen Sie einen Strich. Am Ende der Beobachtung addieren Sie die von Ihnen beobachteten liebevollen Gesten, und der zweite Beobachter addiert seine Beobachtungen. Teilen Sie die dabei herausgekommene kleinere Zahl durch die größere und multiplizieren Sie das Ergebnis mit 100 Prozent. Wenn ein Beobachter während des festgelegten Zeitraumes also drei Striche gemacht hat und der andere sieben, dann ist die Interrater-Reliabilität offensichtlich uneinheitlich.

3 geteilt durch 7 = 0,42

0,42 multipliziert mit 100 Prozent = 42 Prozent

Das Ergebnis ist der Prozentsatz der Übereinstimmungen beider Beobachter bezüglich der beobachteten liebevollen Gesten. Das ist die sogenannte „Interrater-Reliabilität", durch die gemessen wird, wie zuverlässig Ihre Beobachtungen sind. Diese Kalkulation berücksichtigt keine auf Zufällen basierenden Ungenauigkeiten, daher können mathematisch Begabte lieber Cohens Kappa-Koeffizienten wählen. Dabei handelt es sich um ein statistisches Maß für die Interrater-Reliabilität, welches die Übereinstimmungen von zwei Beobachtern berücksichtigt, die durch Zufall entstehen. Wenn man die Interrater-Reliabilität im Fall von mehr als zwei Beobachtern feststellen möchte, kann man dazu Fleiss' Kappa-Koeffizienten verwenden.

Nehmen Sie sich Zeit, um über Ihre Beobachtungen zu diskutieren. Diese Art von Übung, Reflexion und Diskussion kann bei beiden Personen die Beobachtungsgabe fördern.

Zur *Selbstüberprüfung, zur Analyse* gehören das Nachdenken über und die Überprüfung des eigenen Verhaltens, einschließlich der Gedanken, Motive und Gefühle. Die zu überprüfenden Verhaltensweisen werden aus Beobachtungen, die Sie zur eigenen Person sowie zu Mitmenschen aus Ihrem sozialen Umfeld gemacht haben, ausgewählt. Durch die Kombination Ihrer Beobachtungen und der Selbstüberprüfung erhalten Sie ein besseres Verständnis Ihrer sozialen Umwelt. Die daraus gewonnenen Erkenntnisse bilden dann die Basis, um die spezifischen Strategien zu finden, die am besten auf Ihre Bedürfnisse und die jeweiligen gesellschaftlichen Anforderungen zugeschnitten sind.

Die *Anwendung von auf die persönlichen Bedürfnisse zugeschnittenen Strategien* bedeutet, dass Faktoren wie persönliche Präferenzen, Interessen und Zugang zu Hilfsmitteln dabei berücksichtigt sind. Persönliche Strategien sind z. B. das Verfassen von Drehbüchern und die Teilnahme an Rollenspielen, um sich auf soziale Interaktionen vorzubereiten; das Erstellen von Listen, um sich an wichtige Dinge zu erinnern, oder die Verwendung eines Notizbuches oder eines persönlichen digitalen Assistenten (PDA), um Notizen und Eintragungen zu machen, die für soziale Interaktionen hilfreich sind.

Kontinuierliche Evaluierung ist der Schritt, der es Ihnen erlaubt, die Effektivität jeder Strategie zu überprüfen. An diesem Punkt kann man auch eine Strategie revidieren und etwas anderes ausprobieren. Da sich die sozialen Anforderungen ständig verändern und das Lernen nie aufhört, wird die Evaluierung für immer Teil Ihres Lebens sein – und das gilt für jeden Menschen.

Nun, wo Sie den Prozess in Richtung einer erhöhten Sozialkompetenz kennengelernt haben, ist es an der Zeit anzufangen. Der erste Schritt zur Veränderung einer Verhaltensweise ist immer die Akzeptanz der Tatsache, dass eine Veränderung notwendig ist. Das kann für jemanden bereits die größte Herausforderung darstellen. Besonders schwierig ist es, Veränderungen in einem Bereich einzuleiten, der in der Vergangenheit große Probleme oder Leiden verursacht hat oder in dem man schon einmal ohne Erfolg versucht hat, sich zu verändern.

Seien Sie sich selbst gegenüber ehrlich, das ist sehr wichtig. Die Leser mit AS brauchen bestimmt nicht lange, bis sie erkennen und zustimmen, dass

Probleme existieren und Verbesserungen notwendig sind. Vermutlich haben Sie das ihr Leben lang von anderen gehört. Möglicherweise haben Sie sich daran gewöhnt, mit negativen Konsequenzen zu leben, wie Arbeitslosigkeit, Unterbeschäftigung, ein Leben in übermäßiger Abhängigkeit von anderen oder in Isolation. In Wirklichkeit würden Sie jedoch lieber positive Konsequenzen wie eine befriedigende Arbeit, größere Unabhängigkeit und verbesserte zwischenmenschliche Beziehungen erfahren.

Falls Sie immer noch unsicher sind, können Sie über Ihre gegenwärtige Situation nachdenken und sich folgende Fragen stellen.

- Habe ich Schwierigkeiten, Freundschaften zu schließen oder aufrechtzuerhalten?
- Habe ich das Gefühl, dass ich häufig missverstanden werde?
- Habe ich Schwierigkeiten, das Verhalten von anderen zu verstehen?
- Habe ich soziale Probleme in der Schule oder am Arbeitsplatz?
- Habe ich Probleme in einer Beziehung aufgrund von sozialen Schwierigkeiten?
- Habe ich das Gefühl, dass meine Verhaltensweisen den Erfolg oder Fortschritt in irgendeinem Lebensbereich beeinträchtigen?
- Bedrängen mich meine Freunde und Familie wegen meiner mangelhaften sozialen Kompetenzen?

Wenn Sie auch nur eine dieser Fragen mit „Ja“ beantwortet haben, können Sie von den hier beschriebenen Informationen profitieren, wie man soziales Bewusstsein und soziale Kompetenz erhöhen kann. Wenn Sie weiterhin unsicher sind, füllen Sie den Arbeitsbogen „Eine ehrliche Selbsteinschätzung“ im Anhang „Arbeitsbögen“ aus. Liegen Ihre Ergebnisse in allen Themenbereichen bei 75 Prozent oder höher, kennen Sie wahrscheinlich bereits die positiven Konsequenzen von angemessenen oder verbesserten sozialen Kompetenzen; liegen Ihre Ergebnisse aber in irgendeinem Bereich unter 75 Prozent, ist es ratsam, dass Sie sich den betreffenden Bereich genauer ansehen.

Hat man herausgefunden, dass Veränderungen hilfreich wären, besteht der nächste Schritt darin, die eigenen sozialen Interaktionsmuster und die Interaktionen von anderen zu beobachten. Diese können detailliert oder auch als allgemeine Eindrücke aufgezeichnet werden. Die Beobachtungen sollten sich auf die Effektivität der Interaktionsmuster bzw. den Mangel an Effektivität beziehen und entsprechend vermerkt werden.

Im nächsten Schritt planen und üben Sie, Ihre neuen sozialen Kompetenzen in verschiedenen Situationen anzuwenden, beispielsweise bei Arztbesuchen oder Vorstellungsgesprächen. Im letzten Schritt werden die angewandten Fertigkeiten überprüft und bewertet, um bei Bedarf Veränderungen vorzunehmen. Jedes der folgenden Kapitel bietet einen strukturierten Ansatz, um Schritte zu einer verbesserten Sozialkompetenz zu üben.

Die Kapitel sind jeweils in vier Abschnitte unterteilt, die das jeweilige Thema, die damit verbundene Herausforderung, die Erklärung und die Lösung beschreiben. Im ersten Abschnitt gibt es Definitionen und Erklärungen einer bestimmten Thematik sowie Gründe, warum sie der Allgemeinheit wichtig sind. Im zweiten Abschnitt mit dem Titel „Die Herausforderung“ stehen wahre Geschichten von Personen mit AS, die das jeweilige Thema auf praktische Art darstellen. Der dritte Abschnitt mit dem Titel „Die Erklärung“ beschreibt nähere Erläuterungen zu der Problematik und wie sie von einer Person mit AS und ihrer Familie erlebt wird. Im vierten Abschnitt „Die Lösung“ werden leicht nachvollziehbare Richtlinien und Anweisungen vorgestellt, um die Schritte zu einem erhöhten sozialen Bewusstsein und zu einer verbesserten Sozialkompetenz zu üben.

2. Freunde und Familie

In diesem Kapitel wird die Thematik der zwischenmenschlichen Beziehungen erforscht. Speziell geht es um folgende Themen: Bekannte, Familie, Freunde, romantische Verabredungen, Ehe/Partnerschaft, Elternschaft und Fremde. Jedes Thema wird definiert und die jeweilige Art der Beziehung erläutert. Persönliche Geschichten beschreiben die Schwierigkeiten und besonderen Herausforderungen, die Teenager und Erwachsene mit Asperger-Syndrom in diesen Beziehungsarten erleben. Danach werden diese Schwierigkeiten erklärt. Praktische Lösungswege, Schritt für Schritt, bilden dann den jeweiligen Schluss.

Bekannte

Bekannte sind Menschen, zu denen wir eine lose Verbindung haben, normalerweise irgendeine Form von gemeinsamer Erfahrung. Es sind z. B. Schulkameraden, Kollegen, Busfahrer, Dienstleister, Lehrer, Professoren, Verkäufer, Nachbarn, Kellner, Betreuer und Gemeindemitglieder.

Bekannte sind wichtig, da sie die größte Gruppe von Menschen bilden, mit denen die meisten von uns regelmäßig in Kontakt kommen. Man trifft sie an gemeinsam genutzten Orten, oder sie helfen bei den Aufgaben, die im Alltag zu bewältigen sind. Außerdem kann man in dieser großen Gruppe von Menschen Freunde finden.

Die Anforderungen an diese Art von Beziehung in Bezug auf die Komplexität der Kommunikation variieren, aber im Allgemeinen erfordern solche Beziehungen einfache Formen wie beispielsweise Begrüßungen und Verabschiedungen, einfache Bitten oder Bemerkungen über das Wetter, gekoppelt mit nonverbalen Gesten wie einem Lächeln, Nicken, Wink oder bestimmten Blick. Obwohl sich die Kommunikation mit den meisten Bekannten einfach gestalten lässt, können verschiedene Faktoren auch dazu führen, dass es zwischen Teenagern und Erwachsenen mit AS und ihren Bekannten zu Missverständnissen kommt.

Die Herausforderung

Nachdem ich zwei Jahre an einer technischen Fachhochschule studiert und einen Abschluss in Programmierung gemacht hatte, zog ich in eine eigene Wohnung. Meine Eltern und ich beschlossen, dass ich mir eine Wohnung in der Stadt nahe bei meinem neuen Arbeitsplatz mieten sollte. Wir wählten einen Ort mit einer guten Busverbindung, um es mir leichter zu machen, andere Orte zu erreichen, insbesondere meinen Arbeitsplatz. Im Allgemeinen bin ich nervös, wenn ich mit neuen Erfahrungen konfrontiert werde. Der Gedanke daran, mit einem Bus des öffentlichen Nahverkehrs zur Arbeit zu fahren, verursachte mir einige Magenschmerzen. Ich hatte bereits Jahre zuvor gelernt, dass ich mich auf neue Erfahrungen gut vorbereiten muss. Der beste Weg, meine Busfahrt zu planen, war es, mir eine Notiz zu machen, um mich daran zu erinnern, dass ich mich dem Busfahrer vorstellen und ihm die Adresse meiner Arbeitsstelle mitteilen sollte. Ich hatte in der Vergangenheit die gute Erfahrung gemacht, dass mir Busfahrer immer die Haltestelle, wo ich aussteigen musste, ansagten, wenn ich ihnen meine Zieladresse mitgeteilt hatte. Ich beschloss, eine Übungsfahrt zu machen, um zu erfahren, was mich an meinem ersten Arbeitstag erwarten würde.

Ich machte mir eine Liste mit den wichtigsten Informationen und stieg in den Bus ein. Ich stellte mich Ken, dem Busfahrer, vor und teilte ihm die Adresse meines Arbeitsplatzes mit. Von diesem Tag an sagte ich beim Einsteigen immer zu Ken: „Fahren Sie mich bitte zu meinem Büro." Das wurde zu einem Witz zwischen uns beiden. Ich bin nun mal ein Spaßvogel. Ken hielt dann immer an der Station, die meinem Büro am nächsten war.

Das funktionierte sehr gut, bis Ken eines Tages nicht zur Arbeit erschien. Ich wusste nicht, dass er diesmal nicht der Fahrer sein würde, also stieg ich in den Bus ein und sagte zu der Ersatz-Busfahrerin: „ Fahren Sie mich bitte zu meinem Büro." Sie fragte mich, wo ich denn hinwolle, und ich wiederholte: „Fahren Sie mich bitte zu meinem Büro." Sie wurde sehr ärgerlich und sagte mir, ich solle mich einfach hinsetzen, aus dem Fenster schauen und ihr dann Bescheid sagen, wenn ich mein Bürogebäude sähe. Ich tat, was sie sagte, aber alle Gebäude sahen für mich gleich aus, und ich konnte mich einfach nicht an die Adresse meines Büros erinnern, weil ich sie so lange nicht gebraucht hatte. Auch meinen Notizzettel von meiner ersten Fahrt hatte ich nicht dabei. Ich saß schließlich zwei Stunden lang in diesem Bus. Die Busfahrerin fuhr am Ende die ganze Strecke zurück und brachte mich wieder zu der Haltestelle, an der ich eingestiegen war. Hinterher schrie sie mich noch an, dass ich der Stadt für meine morgendliche Busfahrt sehr viel Geld schulde. Ich bekam nicht nur Schwierigkeiten beim Busfahren, sondern auch noch an meinem Arbeitsplatz, weil ich nicht angerufen und Bescheid gesagt hatte, dass ich später kommen würde.

Jonathan

Die Erklärung

Bekannte machen die größte Gruppe von Menschen aus, mit denen wir regelmäßig in Kontakt kommen. Bekanntschaften sind sehr unterschiedlich und insofern kompliziert, da man nie weiß, wie ein Bekannter auf eine Person reagieren wird, die Kommunikationsschwierigkeiten hat. Ein regelmäßiger Kontakt mit Bekannten ist für Teenager und Erwachsene mit AS, die selbstständig leben möchten, aber unerlässlich.

Jonathan hatte sich in seiner neuen Stadt gut auf seine erste Busfahrt vorbereitet. Er hatte erfolgreich vorausgeplant, sich dem Busfahrer vorgestellt und ihm die genaue Adresse seines Büros mitgeteilt. Durch diese Information konnte der Busfahrer dabei behilflich sein, die Haltestelle herauszufinden, die Jonathans Büro am nächsten lag. Das funktionierte gut und wurde zu einer angenehmen Interaktion mit dem Busfahrer. Jonathan begann, von der Vorhersehbarkeit seiner Bus-Routine abhängig zu werden. Er wurde schließlich vom unerwarteten Wechsel der Fahrer überrascht und war darauf nicht vorbereitet. Er hatte weder die Adresse seines Büros bei sich, noch war er in der Lage, einen anderen Weg zu finden, um das Problem zu lösen. Als er mit dieser unerwarteten Situation konfrontiert wurde, besann er sich auf sein verlässliches und gewohntes Kommunikationsmuster, den Satz: „Fahren Sie mich bitte zu meinem Büro“, aber das gab der Busfahrerin nicht die nötigen Informationen, um seine Haltestelle zu erkennen. Die Fahrerin interpretierte seine Aufforderung als absonderlich, nahm ihn nicht ernst, und das Problem wurde nicht gelöst.

Diese Art der Verständigungsschwierigkeiten kommt bei Teenagern und Erwachsenen mit AS sehr häufig vor, auch wenn das Gespräch auf ganz einfachem Informationsaustausch, Bemerkungen oder Fragen basiert. Der Grund hierfür liegt in der Natur der Beziehungsform „Bekanntschaften“.

Bekanntschaften sind grundsätzlich „lose“ Beziehungen, d. h., man hat in der Regel kein besonders starkes Verantwortungsgefühl für ihr Wohlergehen. Bekannte gehören weder zum Freundeskreis noch zur Familie. Sie haben nicht unbedingt die Priorität, die andere Person verstehen oder mit ihr gut auskommen zu wollen. Das kann die Klarheit einer verbalen Kommunikation beeinträchtigen.

Selbst kurze Konversationen können kompliziert werden, wenn sich weder der Sprecher noch der Zuhörer die nötige Mühe gibt, möglichst viel Klarheit zu schaffen und jegliche Missverständnisse zu korrigieren. Eine Person, die kommunizieren muss, um Informationen oder Hilfe zu erhalten, trägt eine gewaltige Verantwortung; sie muss sicherstellen, dass die Unterhaltung klar und erfolgreich verläuft.

Diese Belastung kann einen Teenager oder Erwachsenen mit AS zur Verzweiflung bringen, denn häufig fällt es ihm schwer, Eigenheiten in der Gesprächsweise eines Bekannten spontan zu interpretieren bzw. überhaupt zu erkennen, dass ein Kommunikationsproblem vorliegt.

Selbst wenn ein Missverständnis erkannt wird, hat der Teenager oder Erwachsene mit AS möglicherweise Schwierigkeiten, eine passende Strategie zur Korrektur zu finden. Außerdem kann die Anwendung einer solchen Korrekturmaßnahme problematisch sein, wenn z. B. das Timing nicht stimmt, was dann zu erneuten Missverständnissen führt.

Jonathans einmaliges Zuspätkommen wird zwar nicht gleich sein Arbeitsverhältnis gefährden, aber feststeht, dass derartige Situationen im Leben von Teenagern und Erwachsenen mit AS mit einer alarmierenden, unvorhersehbaren Regelmäßigkeit auftreten. Gerade diese Unvorhersehbarkeit trägt erheblich zu der Ängstlichkeit bei, mit der viele Teenager und Erwachsene mit AS leben müssen, und sie ist auch der Grund, warum viele Menschen mit Behinderungen ihre Bemühungen abbrechen, das Leben auch außerhalb eines sehr kleinen sozialen Kreises zu bewältigen.

Die Lösung

Wenn man mit Bekannten kommunizieren möchte, ist es in vielen Fällen die beste Lösung, ein Drehbuch oder ein Verzeichnis mit genauen Informationen vorzubereiten, die man für verschiedene Situationen benötigt. In Bezug auf die Busfahrt war Jonathan ursprünglich gut auf diese neue Erfahrung vorbereitet. Er wusste, dass er sich dem Fahrer vorstellen und ihm die genaue Adresse seines Büros mitteilen sollte. Als er sich jedoch eine Routine geschaffen hatte, vergaß er leider, die wichtigen Informationen bei sich zu tragen, die für den Fall einer Veränderung notwendig gewesen wären.

Wenn man lernen möchte, wie man mit Bekannten interagiert, kann man die Menschen aus dieser Kategorie im Umfeld beobachten, darüber nachdenken, welche Rolle sie im eigenen Leben spielen, und ein entsprechendes Drehbuch vorbereiten, das alle wesentlichen Informationen enthält, die bei der Interaktion mit dem jeweiligen Bekannten helfen können.

Folgende Schritte führen zu effektiveren sozialen Interaktionen mit Bekannten:

1. Erstellen Sie eine Liste mit den Namen oder Anredeformen der Menschen, die Sie als Bekannte bezeichnen würden. Am besten schreiben Sie diese Informationen in ein Notizbuch, oder Sie speichern sie in einem persönlichen digitalen Assistenten (PDA). Denken Sie daran, auch Mitschüler, Lehrer, Kollegen, Dienstleister, Verkäufer, Bankangestellte und Busfahrer mit einzubeziehen.
2. Ordnen Sie die Liste in alphabetischer Reihenfolge, damit Sie bei Bedarf leicht auf die richtigen Informationen zugreifen können.

3. Schreiben Sie die ausschlaggebende Rolle jedes Bekannten auf.
4. Schreiben Sie die wesentlichen Informationen auf, die Sie mit dem jeweiligen Bekannten austauschen müssen. Entwickeln Sie ein System, wie Sie sich geeignete Notizen machen können. (Siehe die Tipps für effektive Notizen in Kapitel 6: „Hilfsmittel/-maßnahmen".)
5. Beobachten Sie die Bekannten, die auf Ihrer Liste stehen, und notieren Sie Ihre Beobachtungen und Überlegungen bezüglich der Rolle, die jede Person in Ihrem Leben spielt. Beispielsweise hilft Ihnen ein Bankangestellter dabei, Geld abzuheben, einzuzahlen oder zu überweisen. Denken Sie daran, dass es zur Rolle des Bankangestellten gehört, hilfsbereit zu sein und den Kunden der Bank einen guten Service zu bieten. Sie werden vielleicht bemerken, dass der oder die Bankangestellte freundlich ist und viel redet. Ebenso könnten Sie beobachten, dass diese Person Sie mit einer Bemerkung über das Wetter begrüßt oder dass sie sich nach Ihrem Wohlbefinden erkundigt. So etwas wird „Smalltalk" genannt. Sie werden vielleicht wahrnehmen, dass andere Menschen, die vor Ihnen in der Schlange stehen, die Bemerkungen des Bankangestellten mit kurzen Antworten erwidern. Außerdem werden Sie vielleicht bemerken, dass der oder die Bankangestellte fragt: „Was kann ich heute für Sie tun?" Wenn Sie also ein Drehbuch für den Bankbesuch schreiben, müssen Sie zwei Teile vorbereiten: Im ersten Teil geht es darum, wie Sie auf die Bemerkungen antworten, und im zweiten, wie Sie Ihre spezifischen Wünsche hinsichtlich Ihrer Bankgeschäfte formulieren.
6. Beim Smalltalk sollten Sie wissen, dass viele Menschen sichere, vorhersehbare und unpersönliche Themen wählen, wenn sie mit Bekannten reden, wie z. B. eine kurze Bemerkung über das Wetter: „Heute ist es sehr heiß." Viele erkundigen sich auch nach dem Wohlbefinden der anderen Person, z. B. mit dem Satz: „Wie geht es Ihnen heute?" Das kann irreführend sein, da der Fragesteller im Prinzip die Frage eher als eine Begrüßung verwendet, als sein ehrliches Interesse am Wohlbefinden des anderen zu bekunden. Fast immer würde ein Bekannter diese Art von Frage mit: „Mir geht es gut" oder „Alles okay" beantworten.
7. Schreiben Sie auf der Basis Ihrer Beobachtungen kurze Skripte in Ihr Notizbuch oder auf Ihren PDA (persönlicher digitaler Assistent), von denen Sie glauben, dass sie zu einer positiven Interaktion mit Ihren Bekannten führen werden. Achten Sie darauf, dass Sie eine Sprache verwenden, die klar, präzise und höflich ist. Vermerken Sie auch entsprechende Hinweise zur nonverbalen Kommunikation, die Sie daran erinnern, bezüglich Mimik und Körpersprache ausdrucksstark zu agieren.
8. Üben und proben Sie Ihre Drehbücher mithilfe Ihres Notizbuches oder PDA. Am besten lesen Sie sich Ihr Skript immer noch einmal durch, bevor Sie beispielsweise einen bestimmten Bekannten treffen oder einkau-

fen gehen oder die Bank aufsuchen. Bei Arzt- oder Zahnarztterminen oder Terminen bei Psychotherapeuten greifen Sie am besten, bei Bedarf, während des Termins auf Ihre Notizen zurück. Wählen Sie den Text und die Hinweise aus, die eine reibungslose und natürliche Interaktion fördern. Wenn man einem Verkäufer gegenübersteht und beim Gespräch von einem PDA abliest, beeinträchtigt das möglicherweise die Interaktion. Wenn es allerdings nötig ist, um in der Kommunikation mit anderen Fortschritte zu machen, ist das durchaus vertretbar. Es ist auf jeden Fall besser, als gar nicht zu interagieren.

9. Nachdem Sie Ihre Drebücher bei den entsprechenden Bekannten ausprobiert haben, nehmen Sie sich Zeit, um Ihre Eindrücke bezüglich des Erfolgs der sozialen Interaktionen aufzuschreiben. Vermerken Sie dabei unbedingt auch Kommentare zu Ihrem Verhalten und zum Verhalten des jeweiligen Bekannten.
10. Um die Analyse Ihrer Beobachtungen zu erleichtern, verwenden Sie eine Skala von 1 bis 5, durch die Sie den Erfolg Ihrer sozialen Interaktion bewerten können: 1 bedeutet „sehr gut“ und 5 „mangelhaft“. Sie können die folgenden Fragen verwenden, um sich selbst zu bewerten:
    - War die Kommunikation zwischen mir und meinem Bekannten deutlich?
    - War die Interaktion mit dem Bekannten positiv?
    - Woran erkenne ich, dass die Interaktion positiv war?
    - Wurde das Ziel der Interaktion erreicht?
    - Habe ich die richtigen Worte verwendet? Wie würde ich meine paralinguistischen Elemente bewerten? Wie würde ich meine Körpersprache bewerten?
    - Falls die Interaktion nicht erfolgreich war, warum nicht?
11. Nachdem Sie Ihre eigene Leistung bewertet haben, müssen Sie eventuell Ihr Drehbuch überarbeiten.
12. Probieren Sie Ihr überarbeitetes Skript aus. Falls Sie Schwierigkeiten haben, das genaue Problem mit einem Bekannten auszumachen, bitten Sie eine Vertrauensperson um ihre Einschätzung der Situation. Wenn Sie die Ansichten und Vorschläge dieser Person gerechtfertigt finden, können Sie sie bei der Überarbeitung Ihres Drehbuches einbeziehen.
13. Achten Sie darauf, dass Sie Ihr Notizbuch oder Ihren PDA immer bei sich haben. Sehr empfehlenswert ist es, Kopien Ihrer Texte oder Dateien zu machen, falls sie einmal verloren gehen sollten.

Der Erfolg von sozialen Interaktionen mit Bekannten kann durch Vorausplanung und das Verfassen von Drehbüchern im Notizbuch oder PDA erhöht werden, die besonders im Falle von unerwarteten Situationen helfen. Nach einiger Zeit der erfolgreichen Anwendung werden Sie Ihre Skripte nicht länger benötigen. Ein Drehbuch ist zuerst eine externe Unterstützung. Mit der Zeit wird es jedoch schließlich in ein inneres Skript, d. h. in ein abrufbares Programm für die Interaktionen mit Bekannten, umgewandelt.

Familie

Der Begriff „Familie" kann unterschiedliche Gruppierungen von Menschen umfassen, aber in diesem Buch bezieht er sich auf die soziale Gruppe, die aus Eltern oder Erziehungsberechtigten, ihren Kindern (egal ob sie zusammenleben oder nicht) und nahen Verwandten wie z. B. Großeltern, Onkel, Tanten, Cousins und Cousinen besteht.

In der heutigen westlichen Gesellschaft ist die Familie im Allgemeinen ein Ort, wo Intimität, Liebe und Vertrauen gefördert werden und wo jedes Familienmitglied Zuflucht vor den Anforderungen einer komplizierten Welt finden kann. Die Familie bietet Liebe, Schutz, Unterstützung, Wärme, Zärtlichkeit, Verständnis und Anleitung.

Obwohl die Erwartungshaltung vorherrscht, dass sich die Mitglieder einer Familie mit Liebe, Vertrauen und Verständnis begegnen, ist das nicht immer der Fall. Familienmitglieder sind eben auch nur Menschen, und so können auch hier wie überall Probleme auftreten, vor allem im Bereich der Kommunikation.

Gute Gespräche sind in den meisten Familien schwierig, insbesondere wenn ein oder mehrere Familienmitglieder ausgeprägte Kommunikationsprobleme haben. Die spezifischen und tief greifenden kommunikativen Schwierigkeiten von Teenagern und Erwachsenen mit AS können für sie selbst und für alle in der Familie viel Stress verursachen.

Die Herausforderung

Als Brittney geboren wurde, war sie das schönste Baby, das ich je gesehen hatte. Ihre Gesichtszüge waren perfekt. Allerdings war sie ein schwieriges und forderndes Baby. Sie weinte häufig, und es war mühsam, sie zu beruhigen. Sie sträubte sich, sich an neue Leute und Orte zu gewöhnen. Als Vorschülerin fiel es ihr schwer, mit den anderen Kindern auszukommen. Von ihnen und ihren Eltern wurde sie als fordernd und dominant eingestuft. Andere Kinder dazu zu bewegen, sich mehr als einmal mit ihr zu verabreden, war schwierig, also fand ihr Sozialleben hauptsächlich bei organisierten Gruppenaktivitäten wie beim Kindergottesdienst oder in der Tanzschule statt.

Brittney brauchte schon immer ein hohes Maß an Vorhersehbarkeit. Als sie noch sehr klein war, fand ich heraus, dass ich ihr immer den Ablauf des nächsten Tages erzählen musste, bevor sie schlafen ging. Außerdem bemerkte ich, dass sie andere Menschen oft durch ihre Unfähigkeit, deren Perspektive zu verstehen oder Probleme bei der Interaktion überhaupt zu bemerken, verärgerte. Ich fand es notwendig, ihre Gespräche mit anderen zu belauschen, sodass ich eingreifen konnte, wenn ein Kommunikationsproblem auftrat. Sie schien mein Zuhören zu akzeptieren und war ziemlich empfänglich für meine Hinweise, wie sie mit anderen besser interagieren könnte. Das funktionierte auch mit anderen Personen – nur nicht mit ihrer Großmutter.

Besuche bei Brittneys Großmutter waren zwar unregelmäßig, jedoch so häufig, dass ihre Großmutter meinte, die Rolle einer Lehrerin übernehmen zu müssen. Während unserer Besuche versuchte also Brittneys Großmutter ihr beizubringen, wie man verschiedene Aufgaben zu Ende bringt. Ihre Großmutter hatte das Gefühl, dass diese Aufgaben vernachlässigt wurden, z. B. ihr Bett zu machen oder ihre Sachen aufzuheben. Anstatt die Anleitungen zu beherzigen, zeigte Brittney Trotz und Widerstand, was dazu führte, dass ihre Großmutter ebenfalls mit Trotz reagierte. Ein Teufelskreis entstand. Manchmal kam es zu ziemlich ernsten Streitereien. Brittney verstand auf einer bestimmten Ebene, dass die Anleitungen ihrer Großmutter, obwohl oberflächlich gut gemeint, in Wirklichkeit eine Kritik an ihrer Unreife waren. Ich versuchte, bei ihren Diskussionen den Schiedsrichter zu spielen, aber es gelang mir nicht, dass eine die andere verstand.

Als Brittney mit Asperger-Syndrom diagnostiziert wurde, half das unserer Familie und besonders ihrer Großmutter, ihre verzögerte Entwicklung sowie ihre unangemessenen Interaktionen mit anderen zu verstehen. Dank der Diagnose konnte die Großmutter über bestimmte Verhaltensweisen hinwegsehen und erkennen, dass der beste Weg, die Entwicklung ihrer Enkelin zu fördern, war, die Dinge, die sie bewältigen konnte, positiv zu verstärken, und sie gleichzeitig zu ermutigen, Neues auszuprobieren. Sie begann auch zu verstehen, dass Brittneys Entwicklung weder beschleunigt noch erzwungen werden konnte.

Janice, Brittneys Mutter

PS: Brittney ist 15 Jahre alt. Ihre Eltern hatten bereits seit ihrem vierten Lebensjahr das Gefühl, dass sie eine milde Form einer Autismus-Spektrum-Störung hatte, aber sie entschieden sich dafür, Brittney erst mit 14 Jahren entsprechend untersuchen zu lassen. Auch ohne eine formale Diagnose bot die

Familie Unterstützung und wandte Methoden an, die für Kinder mit AS als hilfreich gelten. Erst als Brittney begann, mehr Zeit außerhalb des Elternhauses zu verbringen, wurde es wichtig, dass sie und auch andere ein genaues Bild von ihren Schwierigkeiten bezüglich Kommunikation und Sozialverhalten erhielten. Jetzt, wo ihre Großmutter über ihre Schwierigkeiten Bescheid weiß, ignoriert sie Brittneys gelegentliche unangemessene Kommentare, anstatt mit einer negativen Bemerkung zu reagieren. Außerdem hat sie damit aufgehört, Brittneys Eltern über wichtige Fertigkeiten der Selbstfürsorge zu belehren. Sie macht sich jetzt weniger Sorgen um die Zukunft ihrer Enkelin und weiß, dass Brittney, obwohl ihr Reifeprozess länger als bei vielen anderen dauert, immer noch viel Zeit hat, erwachsen zu werden.

Die Erklärung

Das Familienleben erfordert generell eine offene und ehrliche Kommunikation. Natürlich darf man aber bei aller Ehrlichkeit nicht die nötige Diplomatie vergessen, sollen sich erfolgreiche soziale Beziehungen entwickeln.

In Brittneys Fall haben die Eltern im Laufe der Jahre gelernt, wie sie gleichzeitig auf Brittneys Bedürfnisse eingehen und ein befriedigendes Familienleben führen können. Leider haben sich diese Prinzipien nicht automatisch auf die erweiterte Verwandtschaft, insbesondere die Großmutter, übertragen. Ihr mangelte es an einem klaren Verständnis von Brittneys sozialen Schwierigkeiten bezüglich Kommunikation und Verhalten. Sie kompensierte das, indem sie Brittney die Prinzipien einer typischen Erziehung aufdrängen wollte. Ihre Unkenntnis und falsch angewandten Strategien führten daher zu unerfreulichen Interaktionen mit ihrer Enkelin. So entstand Stress für die ganze Familie.

Die Großmutter hatte den Eindruck, dass man Brittney entweder nicht beigebracht hatte, wie man auf seine Sachen achtgibt, oder dass sie sich den Regeln, die ihr beigebracht worden waren, widersetzte. Sie dachte, dass Brittney durch zusätzliche Anleitung und manchmal auch durch Sticheleien schon die Hinweise begreifen und den Wunsch und die Fertigkeit entwickeln würde, auf Dinge, die ihr gehörten, achtzugeben. Leider entsprach diese Vorgehensweise überhaupt nicht Brittneys Bedürfnissen. Die Großmutter benötigte ein besseres Verständnis von den Schwierigkeiten ihrer Enkelin, um mit ihren unreifen Verhaltensweisen anders umgehen zu können.

Diese Art von Herausforderung wird Familien mit Teenagern und Erwachsenen mit AS vertraut vorkommen. Wenn ein Kind mit einer Störung geboren wird, ist es typisch, dass die Eltern und die erweiterte Familie viele Zweifel haben; Zweifel über die Art und die Schwere des Problems, über die Diagnose oder sogar darüber, ob überhaupt ein Problem vorliegt. Jedes Familienmitglied muss lernen, mit unerwarteten Situationen zurechtzukommen und zu einem gewissen Maß an Verständnis und Akzeptanz zu gelangen. Diese Haltungen sind erst der Anfang einer gelungenen Kommunikation innerhalb der Familie. Daneben müssen die Familienmitglieder auch lernen, achtsam miteinander zu kommunizieren und zu interagieren.

Kommunikation ist die Basis für gegenseitiges Verständnis. Um erfolgreich zu sein, muss sie sowohl vom Sprecher als auch vom Zuhörer verstanden werden. Eine klare und erfolgreiche Kommunikation bedeutet harte Arbeit. Oft betrachten sich die Familienmitglieder untereinander als selbstverständlich und meinen, dass die andere Person immer für sie da sein und sie lieben wird, egal, was passiert. Das stimmt wahrscheinlich auch; man kann im Prinzip jemanden von tiefstem Herzen lieben, auch wenn man ihn nicht immer mag. Mangelhafte Kommunikation wird sich jedoch im Laufe der Zeit auf die Qualität einer Beziehung auswirken. Eine zu lasche Haltung kann dazu führen, dass sich die einzelnen Familienmitglieder gar nicht mehr bemühen, die Energie für eine erfolgreiche und bedeutsame Kommunikation aufzubringen.

Die Lösung

Gutes Miteinander ist die Lösung, um die Beziehungen zwischen den einzelnen Familienmitgliedern zu fördern. Folgende Schritte führen zu einer besseren Kommunikation:

1. Grundsätzlich sollten Sie die Bereitschaft haben, die Kommunikation und soziale Interaktion mit Ihrer Familie zu verbessern. Das kann schwierig sein, weil Sie möglicherweise Kränkungen erfahren oder sich über einzelne Familienmitglieder geärgert haben, was von vergangenen unzulänglichen Interaktionen herrührt. Es ist zwar schwierig, Kränkungen aus der Vergangenheit zu überwinden, aber es ist möglich.
2. Überlegen Sie sich eine ehrliche Einschätzung Ihres eigenen Beitrags zu vergangenen Kränkungen oder Kommunikationsschwierigkeiten. Denken Sie daran, dass Sie nur sich selbst ändern können; Sie können nicht eine andere Person ändern. Daher ist es wichtig, dass Sie Ihre Gedanken aufschreiben, um sich für den Fragebogen „Eine ehrliche Selbsteinschätzung" im Anhang „Arbeitsbögen" eine Ausgangsbasis für die Selbstanalyse zu erarbeiten.
3. Bewerten Sie Ihre sozialen und kommunikativen Kompetenzen mithilfe des eben genannten Fragebogens. Möglicherweise werden Sie entdecken, dass Sie in dem einen oder anderen Punkt als Sprecher oder als Zuhörer nicht angemessen reagiert haben. Eventuell haben Sie sich nicht ausreichend Mühe gegeben, was jedoch für ein gutes Miteinander mit anderen Familienmitgliedern unerlässlich ist. Vielleicht haben Sie es versäumt,

sich zu entschuldigen oder nach einem Weg zu suchen, um die Missverständnisse zu beseitigen. Wenn das der Fall ist, können Sie das betreffende Familienmitglied um Entschuldigung und um einen Neuanfang bitten. Auch wenn Kommunikationsschwierigkeiten grundsätzlich Teil eines Lebens mit AS sind, ist es wichtig, mit ihnen konstruktiv umzugehen. Andere Menschen reagieren meistens positiv auf eine Entschuldigung und sind generell offen dafür, einen Neustart zu ermöglichen, wenn der Betreffende es wirklich wünscht.

4. Wählen Sie Strategien aus, die Ihnen helfen, Ihre Kommunikationsfertigkeiten in den Bereichen zu verbessern, die Sie als problematisch erkannt haben. Als Sprecher müssen Sie Folgendes beachten:
   - Verwenden Sie eine klare und präzise Sprache.
   - Achten Sie darauf, dass Sie auch paralinguistische Elemente einbeziehen, die Ihre Mitteilung verstärken.
   - Unterstützen Sie Ihre Mitteilung durch nonverbale Hinweise.
   - Achten Sie immer auf den Zuhörer und verändern Sie bei Bedarf Ihre Mitteilung.
   - Beachten Sie die Regeln der Konversation.

   Als Zuhörer müssen Sie Folgendes beachten:
   - Verwenden Sie die Methoden des aufmerksamen Zuhörens (siehe Kapitel 6, „Hilfsmittel/-maßnahmen“).
   - Formulieren Sie das Gehörte neu, um sicherzugehen, dass Sie es verstanden haben.
   - Stellen Sie Fragen, wenn Sie unsicher sind.
   - Beachten Sie die Regeln der Konversation.
5. Seien Sie ehrlich Ihren Familienmitgliedern gegenüber. Teilen Sie Ihre Schwierigkeiten, Hoffnungen und Träume mit. Sagen Sie den anderen, wie sie Ihnen helfen können, und seien Sie dann auch offen, diese Hilfe anzunehmen. Wenn Sie in einer bestimmten Situation keine Hilfe wünschen, vermitteln Sie diese Tatsache auf eine höfliche Art. Verwenden Sie Familienmitgliedern gegenüber lieber Diplomatie als „brutale Ehrlichkeit“; das gilt auch für alle anderen Personen, zu denen Sie eine erfolgreiche Beziehung aufbauen möchten. Diplomatie bedeutet, mit anderen Menschen taktvoll und mit Feingefühl zu interagieren. So können Sie Ihre Bedürfnisse ausdrücken und gleichzeitig die Bedürfnisse von anderen berücksichtigen.

Freunde

Freunde sind zwei oder mehr Menschen, deren Beziehung auf gegenseitiger Liebe, gegenseitigem Respekt und Vertrauen sowie auf bedingungsloser Akzeptanz des anderen beruht. Das Schlüsselwort bei der Definition des Begriffes „Freunde“ ist „gegenseitig“, das bedeutet, dass man etwas Gemeinsames teilt. In einer Freundschaft werden Liebe, Respekt, Vertrauen und Großzügigkeit als etwas Gemeinsames erlebt. Auch gemeinsame Interessen sind zumeist Teil einer Freundschaft.

Freunde sind generell kooperativ, unterstützen einander und verbringen Zeit miteinander, um ihre gemeinsamen Interessen zu pflegen. Sie sind am Wohlbefinden des anderen interessiert und sie erkundigen sich danach, wie es dem anderen geht. Wenn ein Freund eine Frage stellt, wartet er die Antwort ab und hört der anderen Person genau zu. Freunde helfen sich gegenseitig und sind für den anderen da, selbst in Momenten, wo es eigentlich ungelegen kommt, oder sie lieber etwas anderes machen würden. Sie versuchen, verständnisvoll zu sein, wenn der andere einen Fehler macht oder eine andere Meinung vertritt. Freunde sind loyal, und sie stellen die Interessen des anderen zuweilen über ihre eigenen.

Bei Freundschaften geht es im Allgemeinen nicht um romantische Beziehungen, obwohl sie sich durchaus zu intimeren Bindungen entwickeln können. Manchmal bemerkt eine Person, dass sich aus der Freundschaft ein romantischer Wunsch entwickelt hat. Für den Fortbestand der Freundschaft ist es aber sehr wichtig, dass beide Personen das gleiche Bedürfnis haben. Es gibt nichts Komplizierteres in einer Freundschaft, als die Situation, in der ein Mensch einer Freundin oder einem Freund gegenüber ein romantisches Interesse hat, das nicht erwidert wird.

Man sollte wissen, dass nicht jeder Mensch Freundschaften die gleiche Wichtigkeit beimisst. Manche haben am liebsten nur einen guten Freund, während andere eine Gruppe von Freunden vorziehen. Einige Teenager und Erwachsene mit AS ziehen es vor, gar keine Freunde zu haben. Diese Tatsache ist für die Familie des Teenagers oder Erwachsenen manchmal problematischer als für den Betroffenen selbst.

Freundschaften können einem viele Vorteile bringen. Zum Beispiel ist das Leben mit Freunden weniger langweilig. Freundschaften bieten Spaß, Unterhaltung, geselliges Beisammensein und gemeinsame Freizeitaktivitäten. Freunde geben Ratschläge und unterstützen sich gegenseitig in schwierigen Zeiten. Man nimmt an, dass Menschen, die Freunde haben, grundsätzlich weniger einsam, glücklicher und erfolgreicher sind und ein größeres Selbstvertrauen besitzen.

Die Herausforderung

> Nach der Arbeit war ich so müde, dass ich die Kinder einfach in ein nahegelegenes Restaurant mitnahm, anstatt selber zu kochen. Als wir das

Restaurant betraten, stießen wir mit Miss Shelly zusammen, die Ians Lehrerin in der dritten Klasse gewesen war. Wir hatten Miss Shelly seit vielen Jahren nicht mehr gesehen. Ian war inzwischen 14 Jahre alt und besuchte die achte Klasse. Miss Shelly war sehr interessiert an Ians Übergang von der Grundschule zur Aufbaustufe (Middle School). Sie stellte viele Fragen, aus denen ich schloss, dass sie sich am meisten dafür interessierte, wie Ian die Anpassung an die neue Situation mit den vielen anderen Teenagern bewältigte. Während wir sprachen, hörte Ian zu, obwohl es gar nicht danach aussah. Als er an die Reihe kam, etwas zum Gespräch beizutragen, erzählte er von seiner neuen Erfindung. Er verbrachte damals viel Zeit damit, ein neues Panzermodell für die Armee zu entwerfen, das mehr Sicherheit bot. Mitten im Satz wechselte er auf einmal das Thema und sagte: „Ich weiß nicht, warum mich niemand mag." Dann kehrte er sofort wieder zu seinem vorherigen Thema zurück und sprach über seine Erfindung. Ich versuchte, auf seine Bemerkung einzugehen, denn sie hatte für mich wie eine Frage geklungen. Aber ich irrte mich. Ian reagierte nicht auf mein Nachhaken. Er hatte zwar seine Sorge und sein Bedürfnis nach Freundschaften mitgeteilt, aber er zeigte mit großer Bestimmtheit, dass dies weder der richtige Ort noch der geeignete Zeitpunkt dafür war, weiter ins Detail zu gehen.

Jennifer, Ians Mutter

PS: Ian ist ein sehr kluger Schüler mit umfangreichem Wissen, besonders im Fach Mathematik. Er ist ein großer, gut aussehender Junge. Vom äußeren Erscheinungsbild ausgehend, sollte er eigentlich keinerlei Schwierigkeiten haben, Freundschaften zu schließen und diese aufrechtzuerhalten, aber er lebt eben mit dem Asperger-Syndrom. Ians Behinderung äußert sich durch seine Hyperaktivität und durch seine ausgeprägten Interessen, die er mit ungewöhnlicher Beharrlichkeit verfolgt. Anderen erscheint er als selbstvergessen. Dieses Verhalten beeinträchtigt seine Fähigkeit, Freundschaften zu schließen und aufrechtzuerhalten.

Die Erklärung

Ians Geschichte ist kein Einzelfall. Viele Teenager und Erwachsene mit AS hätten gern feste Freundschaften, aber Freundschaften sind ein schwer erfassbares Phänomen. Es wäre ein Fehler zu glauben, dass Menschen, die mit AS leben, keinerlei Bedürfnis nach sozialen Kontakten hätten. Ihre sozialen Verhaltensweisen sehen einfach anders aus und beeinträchtigen ihre Fähigkeit, Freundschaften zu schließen. Eine solche Beeinträchtigung ist jedoch kein Endresultat, sondern kann überwunden werden. Es ist möglich, in den Bereichen soziales Bewusstsein und Sozialkompetenz Fortschritte zu machen, und dann können für Teenager und Erwachsene mit AS sehr wohl Freundschaften entstehen, sofern sie dieses Bedürfnis haben.

Genauso gibt es Teenager und Erwachsene mit AS, die kein Bedürfnis nach Freundschaften haben. Das ist eine Entscheidung, die sie selbst treffen müssen. Manche fühlen sich wohler, wenn sie nicht dem sozialen Druck und den gesellschaftlichen Anforderungen, die Freundschaften mit sich bringen, ausgesetzt sind. Diese Anforderungen führen oftmals dazu, sich erst gar nicht um Freundschaften oder Paarbeziehungen zu bemühen.

Andere ziehen es stattdessen vor, ihre familiären Beziehungen zu stärken, oder sie geben sich mit ihren Bekannten als soziale Kontakte zufrieden. Wenn das auch Ihre Präferenz ist, machen Sie sich keine Sorgen; konzentrieren Sie sich einfach darauf, die Qualität Ihrer Beziehungen zu Ihren Familienmitgliedern und Bekannten zu verbessern, wenn Sie in diesen Bereichen Ihre soziale Kompetenz weiterentwickeln möchten.

Für die Eltern und Geschwister eines Teenagers oder Erwachsenen, der keine Freundschaften sucht, ist dieser Umstand möglicherweise schwer zu verstehen. Das betreffende Familienmitglied sollte sich in so einem Fall noch mehr bemühen, die Perspektive der Person mit AS zu übernehmen und die Dinge aus ihrer Sicht zu betrachten. Dann wird es wahrscheinlich nachvollziehbarer, dass die Person mit AS ihre Energie und Kraft eben nicht in die Notwendigkeit, Freundschaften zu schließen und aufrechtzuerhalten, stecken möchte.

In Ians Fall drückt er zwar den Wunsch nach Freunden aus, er ist jedoch nicht bereit, seinen zwischenmenschlichen Schwierigkeiten ins Auge zu blicken. Sicherlich werden sich sein Interesse und seine Kompetenzen in dieser Hinsicht vergrößern und verbessern, wenn er älter wird. Seine Mutter und auch andere Betreuungspersonen sollten ihn stets gut beobachten, ihm aufmerksam zuhören und ihm immer wieder Möglichkeiten zur Verfügung stellen, um seine sozialen Fortschritte zu unterstützen – sowie er signalisiert, dass er dafür bereit ist. Tatsache ist, dass die meisten Teenager und Erwachsene mit AS zwar gern einen Freund hätten und die Vorteile einer Freundschaft erleben möchten, es ihnen jedoch an den Kompetenzen mangelt, Freundschaften zu schließen und aufrechtzuerhalten.

Die Lösung

Folgende Schritte sind hilfreich, um Freundschaften zu entwickeln.

1. Setzen Sie sich mit den Anforderungen an eine Freundschaft auseinander. Freundschaften sind Beziehungen, die auf Gegenseitigkeit beruhen mit

folgenden Aspekten: Kooperation, Loyalität, gegenseitige Unterstützung, gemeinsame Interessen teilen, Zeit zusammen verbringen, am Wohlbefinden des anderen interessiert sein, sich gegenseitig helfen, gegenseitig zuhören, versuchen, den anderen zu verstehen und zu unterstützen, die Interessen des Freundes oder der Freundin zeitweise über die eigenen stellen.

2. Finden Sie heraus, ob Sie ein guter Freund oder eine gute Freundin wären.
   a) Füllen Sie den Fragebogen „Wäre ich ein guter Freund/eine gute Freundin?" im Anhang „Arbeitsbögen" aus.
   b) Haben Sie auch nur einige der Fragen mit „Ja" beantwortet, besitzen Sie Qualitäten, die wichtig sind, um ein guter Freund/eine gute Freundin zu sein. Denken Sie daran, dass Sie zuerst in der Lage sein müssen, ein guter Freund/eine gute Freundin zu sein, bevor Sie eine Freundschaft schließen können, und dass es bei Freundschaften mehr um den anderen als um Ihre eigene Person geht. Dafür kehren die guten Gefühle, Gedanken und Verhaltensweisen, die Sie aussenden und zeigen, oft um ein Vielfaches verstärkt zu Ihnen zurück.
   c) Wenn es Ihnen nicht möglich war, auf eine der Fragen mit „Ja" zu antworten, verlieren Sie nicht den Mut. Sie sollten sich dann eine Weile auf die Fertigkeiten konzentrieren, die erforderlich sind, um ein guter Freund/eine gute Freundin zu sein. Vielleicht sollten Sie auch verstärkt über Ihr Bedürfnis nach einem Freund/einer Freundin nachdenken und über die Rolle, die diese Person in Ihrem Leben einnehmen würde. Nicht jeder Mensch möchte Freunde haben.
3. Stellen Sie eine Liste mit Ihren persönlichen Interessen zusammen, indem Sie den Fragebogen „Persönliche Interessen" im Anhang „Arbeitsbögen" ausfüllen. Beachten Sie, dass Freundschaften oft auf gemeinsamen Interessen beruhen.
4. Nun sind Sie bereit, nach einer Freundschaft Ausschau zu halten. Vielleicht finden Sie so eine Person unter den Menschen, die Sie bereits kennen. Vielleicht ist es jemand, mit dem Sie zur Schule oder zur Arbeit gehen, jemand, den Sie aus einem Verein oder aus der Kirche kennen, oder jemand, der in Ihrer Nachbarschaft lebt. Suchen Sie eine Person, die ein oder mehrere ähnliche Interessen hat wie Sie. Dazu müssen Sie andere Menschen in Ihrer Umgebung wahrnehmen, beobachten und auf sie zugehen. Sie sollten so lange anderen Menschen Ihre Aufmerksamkeit widmen, bis Sie herausgefunden haben, ob es irgendwelche Gemeinsamkeiten gibt.
5. Haben Sie durch Ihre Beobachtungen einen potenziellen Freund gefunden, und es scheint so, als hätten Sie ein gemeinsames Interesse, beginnen Sie mit demjenigen ein Gespräch über dieses Thema. Am besten bereiten Sie schon vor der Unterhaltung eine Liste mit Fragen vor, damit Sie das Gespräch in die richtige Richtung lenken können. Sie können ein durchnummeriertes Verzeichnis erstellen oder ein ganzes Drehbuch verfassen. Ein

Verzeichnis hilft Ihrem Gedächtnis auf die Sprünge und hilft Ihnen, beim Thema zu bleiben, wenn Sie sich mit einem potenziellen Freund unterhalten. Mithilfe eines Drehbuches können Sie Ihre Konversation erst einmal proben, bevor Sie mit der anderen Person reden, was Ihnen das tatsächliche Gespräch erleichtern wird. Sie können ein Skript verfassen, das sich allein auf Ihre Interessen konzentriert, oder auch Aspekte der Selbstoffenbarung miteinbeziehen.
Selbstoffenbarung bedeutet, dass Sie einer anderen Person von Ihrer Behinderung erzählen, um dadurch bestimmte Verhaltensweisen oder Eigenarten zu erklären. Oft werden andere bereits bemerkt haben, dass soziale Schwierigkeiten vorliegen, denn Menschen mit typischen sozialen Kompetenzen können Probleme in Bezug auf die Pragmatik leicht erkennen. Normalerweise reagieren viele Menschen verständnisvoll, wenn sie den Grund für das Problem kennen. Siehe auch „Drehbücher und Aufstellungen“ im Anhang „Arbeitsbögen“.
6. Am besten begrenzen Sie das erste Treffen auf eine bestimmte Zeitdauer. Für den Beginn einer Freundschaft ist es erforderlich, dass Sie sich ganz auf die andere Person konzentrieren, und das kann über einen längeren Zeitraum hinweg ermüdend sein. Achten Sie darauf, sich während der gemeinsamen Zeit auf die generellen Prinzipien und Anforderungen einer Freundschaft zu konzentrieren, und denken Sie an folgende Punkte:
   - Sprechen Sie nur, wenn es der Situation angemessen ist. In einigen Situationen, beispielsweise im Kino oder während man gemeinsam fernsieht oder ein Videospiel spielt, kann gesprochene Sprache sehr stören.
   - Erlauben Sie der anderen Person zu reden und unterbrechen Sie sie dabei nicht.
   - Hören Sie der anderen Person gut zu und antworten Sie dann in passender Weise.
   - Seien Sie freundlich und achten Sie auf die Bedürfnisse Ihres Gegenübers.
   - Bedanken Sie sich am Ende des Treffens für die gemeinsam verbrachte Zeit und geben Sie Ihrer Hoffnung Ausdruck, sich mal bald wieder treffen zu können.
7. Nach kurzer Zeit, etwa nach einer Woche, ist es in Ordnung, die Person, mit der Sie Freundschaft schließen möchten, zu kontaktieren. Denken Sie daran, dass Sie den Eindruck eines treuen Freundes vermitteln möchten und nicht den eines aufdringlichen Menschen. Sagen Sie der betreffenden Person, dass Ihnen das Treffen viel Spaß gemacht hat und dass Sie hoffen, es ginge ihr ebenso. Sie können auch direkt fragen, wie ihr das Treffen gefallen hat. Wenn sie antwortet, dass ihr das Treffen nicht so gut gefallen hat, oder wenn sie andeutet, dass sie keine weiteren Verabredungen wünscht, fragen Sie am besten, wie es hätte besser laufen können. Sagen

Sie ihr, dass Sie gern ihre Eindrücke über das Treffen hören möchten, damit Sie aus dieser Erfahrung lernen können und es das nächste Mal hoffentlich besser läuft.
Falls die andere Person Sie zuerst kontaktiert, gelten dieselben Richtlinien.
8. Nehmen Sie sich Zeit, über die Kommentare der anderen Person nachzudenken. Ebenso sollten Sie auch über Ihre eigenen Beobachtungen nachdenken. Schreiben Sie sich Ideen auf, die Ihrer Meinung nach die Situation oder zukünftige Situationen verbessern könnten. Sie können diese Ideen mit dem potenziellen Freund oder mit anderen Menschen, die Sie gut kennen, austauschen.
9. Falls der erste Versuch nicht erfolgreich war, fahren Sie unbedingt mit Ihrer Suche nach einer Freundschaft fort. Verlieren Sie nicht den Mut, auch wenn Sie die oben genannten Schritte vielleicht viele Male wiederholen müssen, bevor sich eine wahre Freundschaft ergibt. Etliche Menschen finden im Laufe ihres Lebens nur einen oder zwei wahre Freunde und empfinden das bereits als einen großen Segen.

Romantische Verabredungen

Verabredung, Rendezvous, Date – diese Begriffe verwendet man, wenn sich zwei Menschen verabreden und zusammen ausgehen, um sich besser kennenzulernen, häufig mit einem romantischen Hintergrund. In vielen Kulturen ermöglicht ein Date zwei Menschen, Zeit zusammen zu verbringen, damit sie besser einschätzen können, ob sie als Lebenspartner zueinander passen würden.

Es gibt viele verschiedene Formen der Verabredung: Vom Speed-Dating, bei dem die Teilnehmer in kurzer Zeit viele verschiedene Menschen kennenlernen, bis zum Rendezvous, bei dem zwei Personen mit dem gleichen romantischen Interesse miteinander ausgehen. Die verschiedenen Formen der Verabredung gestalten diese Art der sozialen Beziehung besonders schwierig; das gilt für jeden Menschen, aber besonders für Teenager und Erwachsene mit AS.

Romantische Treffen sind für viele Teenager und Erwachsene mit oder ohne AS ein wichtiges Thema. Im Allgemeinen gehen Menschen zusammen aus, weil sie ein Bedürfnis nach einer sozialen, emotionalen und körperlichen Beziehung mit einer Person des anderen oder des gleichen Geschlechts haben. Möglicherweise sind sie an einer Heirat interessiert und möchten Kinder haben. Solche Treffen sind sehr wichtig, damit man die andere Person besser kennenlernen kann, um eventuell herauszufinden, ob sie für eine eheliche Verbindung geeignet wäre. Sich zu verabreden schafft ein Gefühl von Gemeinschaft.

Die Herausforderung

Die High-School-Zeit ging dem Ende zu, und bald würde die Abschlussfeier sein. Nur noch zwei Monate, und alles wäre vorbei. Ich sah meinem Schulabschluss mit gemischten Gefühlen entgegen, weil diese Jahre sowohl die beste als auch die schlimmste Zeit meines Lebens gewesen waren. Die anderen Schüler waren gemein und hänselten mich ohne Unterlass. Die schulischen Leistungsanforderungen waren okay, aber das Beste war meine Freundschaft mit Meredith. Meredith und ich waren befreundet, seit wir drei Jahre alt waren. Wir waren in unmittelbarer Nachbarschaft aufgewachsen. Unsere Eltern waren befreundet und trafen sich zweimal im Monat zum Kartenspiel. Meredith war immer nett zu mir und unterhielt sich ganz bewusst jeden Tag mit mir, selbst wenn die anderen Schüler mich hänselten oder ignorierten. Außerdem war sie unglaublich attraktiv. Ich wusste, dass Meredith, sobald die Schule beendet war, auf ein entferntes College gehen und ich sie nur noch in den Sommerferien sehen würde. Ich war ganz schön in sie verliebt und wollte sie um ein Date bitten. Ich beschloss, sie zu fragen, ob sie mit mir zusammen auf das Abschlussfest der Schule gehen würde. Ich war nicht sicher, was ich sagen sollte, und ich hatte große Mühe, meine Nervosität zu bewältigen, die mich immer in ihrer Gegenwart befiel. Ich wusste, dass sie „Nein“ sagen würde, aber ich musste es einfach versuchen. Ich wusste auch, dass ich es ohne Hilfe nicht schaffen würde, also bat ich meine Mutter mir zu helfen, ein Drehbuch zu verfassen, und ich probte, was ich sagen wollte. Ich probte das Skript immer und immer wieder, bis ich es auswendig konnte. Die Zeit wurde knapp, und am letzten Tag des Kartenvorverkaufs wollte ich endlich den großen Schritt wagen. Ich ging zu Meredith, die an ihrem Schulspind stand, und begann, mein Drehbuch aufzusagen. Das Erste, was ich sagte, war: „Ich weiß, du hast wahrscheinlich schon etwas vor oder du hast schon ein Date, aber äh, äh, äh ...“ Meredith rettete mich, indem sie meinen Satz vollendete. Sie sagte: „... aber ich würde dich gern fragen, ob du mit mir auf das Abschlussfest gehen möchtest?“ Dann sagte sie: „Ja.“ Ich konnte nicht glauben, was ich hörte. Ich drehte mich auf der Stelle um und ging. Es war mein Glück, dass sie mich gut genug kannte und am Nachmittag einfach an unserer Haustür klingelte, um sich nach den Details für die Verabredung zu erkundigen, denn diese wichtigen Punkte hatte ich bei unserem Gespräch ausgelassen. Schließlich gingen wir zusammen auf das Fest. Es war unser einziges „offizielles“ Date. An diesem Abend fragte mich Meredith, ob wir einfach nur Freunde bleiben könnten. Sie ist mir so wichtig, dass ich mich mit diesem Arrangement zufrieden gebe.

Brett

PS: Brett ist ein einsichtiger Teenager, der das gleiche Bedürfnis wie viele andere junge Männer hat, nämlich mit dem hübschen Mädchen aus der Nachbarschaft auszugehen. Seine Nervosität in Bezug auf die Frage, ob Meredith mit ihm ausgehen möchte, ist für junge Männer recht typisch, wenn sie beginnen, die kommunikativen Kompetenzen zu entwickeln, die für eine Verabredung erforderlich sind.

Brett hatte den Vorteil, dass er schon seit Langem mit dem Mädchen aus dem Nachbarhaus befreundet war, das seine Schwierigkeiten kannte und darauf freundlich und hilfsbereit reagierte. Außerdem hatte er sich gut vorbereitet, indem er ein Drehbuch für die anstehende Konversation verfasste und probte. Das war hilfreich, aber noch hilfreicher war die Tatsache, dass Meredith ihn gut genug kannte, um ihn bei diesem schwierigen ersten Schritt zu unterstützen. Für Brett löste sich dadurch zwar das Problem des Abschlussballs, aber seine allgemeinen Schwierigkeiten, mit dem anderen Geschlecht in Kontakt zu treten, bestehen weiterhin.

Die Erklärung

Das Interesse am anderen Geschlecht ist bei Teenagern und Erwachsenen mit AS recht verbreitet, obwohl es oft später als bei neurotypischen Teenagern einsetzt. Diese Verzögerung wird manchmal „verlängerte Adoleszenz“ genannt. Manchmal erwacht dieses Interesse erst im Erwachsenenalter.

Das Thema kann für einen Menschen mit AS schmerzhaft sein, wenn er sich gern verabreden möchte, aber durch unbeholfene soziale Kompetenzen beeinträchtigt wird, die seine positiven Eigenschaften verdecken. Ein großes Hindernis bei einer Verabredung ist die Unfähigkeit, nonverbale Signale zu erkennen und richtig zu interpretieren. Jemand, der an Ihnen Interesse hat, wird oft auch versuchen, Ihre Aufmerksamkeit durch nonverbale Signale zu erlangen. Die Person wird Sie z. B. anlächeln, versuchen, Blickkontakt aufzunehmen, oder eine kokette Körperhaltung einnehmen, um herauszufinden, ob ihr Interesse erwidert wird. Dieser erste Test verringert das Risiko einer Abfuhr, wenn man jemanden um ein Date bittet. Das Flirten vor dem eigentlichen Treffen ähnelt einem Tanz, der fast vollständig auf nonverbaler Kommunikation basiert. Ein Mensch mit deutlichen Schwierigkeiten bei der Interpretation nonverbaler Hinweise, kann diese Signale nicht deuten oder erwidern. Allein das kann schon dazu führen, dass die andere Person ihren Kontaktversuch abbricht.

Frauen mit AS verabreden sich häufiger als Männer. Das hat gesellschaftliche Gründe, denn in den meisten Kulturkreisen wird noch immer erwartet, dass der Mann den ersten Schritt wagt. Dieser Schritt an sich erfordert aber schon ein hohes Maß an Selbstvertrauen. Noch schwieriger gestaltet sich aber der Umgang mit einer immer auch möglichen herben Zurückweisung. Frauen tun sich damit leichter.

Erfolgreiche Beziehungen entwickeln sich im Allgemeinen eher zwischen zwei Menschen mit AS als zwischen einer Person mit AS und einem neurotypischen Menschen. Da weniger Frauen als Männer mit AS diagnostiziert werden, hat eine Frau mit AS eine größere Chance, einen zu ihr passenden Mann mit AS zu finden, als umgekehrt.

Die Lösung

Setzen Sie sich mit dem Thema auseinander und befassen Sie sich mit den erforderlichen speziellen Kompetenzen, die für eine romatische Verabredung wichtig sind. Wenn zwei Menschen Pläne schmieden, um zusammen auszugehen, dann meist aufgrund eines romantischen Interesses, das man „ein Date haben" nennt. In vielen Kulturkreisen dienen diese Verabredungen auch dazu herauszufinden, ob eine Person für eine Lebenspartnerschaft oder Ehe geeignet scheint. Es gibt sehr unterschiedliche Auffassungen von einem Date, immer in Abhängigkeit von der jeweiligen Kultur und unterschiedlichen Lebenserfahrungen. Für manche Menschen sind die ersten Verabredungen so, als verbrächten sie Zeit mit einem Bruder oder einer Schwester, während andere in ihnen bereits die Vorboten für eine Ehe sehen. Die Bandbreite der vielen unterschiedlichen Perspektiven und Auffassungen macht das erste Treffen zu einer sehr komplizierten sozialen Begegnung. Es gibt dafür keine verbindlichen Regeln. Für eine Person mit AS liegt der Schlüssel für ein erfolgreiches Kennenlernen darin, der anderen Person mit Klarheit und Diplomatie ihre Wünsche und Grenzen hinsichtlich dieser Beziehung zu vermitteln.

Zu den spezifische Kompetenzen, die dafür notwendig sind, gehört im Allgemeinen die Fähigkeit, nonverbale „Flirt-Signale" zu erkennen. Ein guter Freund/eine gute Freundin kann als Beobachter solcher Signale fungieren und Ihnen mitteilen, wenn jemand mit Ihnen flirtet. Wichtig ist vor allem die Bereitschaft, Ihre Zeit und auch materielle Dinge mit der anderen Person zu teilen, die Bereitschaft, sich um das Wohlergehen der anderen zu kümmern, das Bedürfnis, Interessen zu teilen, sowie die Fertigkeit, mit Diplomatie zu kommunizieren. Ein besonderer Schwerpunkt liegt auf der Fähigkeit, die Perspektive der anderen Person zu sehen, bzw. es sollte zumindest möglich sein, Probleme mit der Perspektivenübernahme konstruktiv zu bewältigen, indem man nachfragt und nach Lösungen sucht. Bereiten Sie sich mit folgenden Schritten auf eine Verabredung vor.

1. Erforschen Sie Ihr Interesse an dieser Verabredung, indem Sie den Fragebogen „Was halten Sie von romantischen Verabredungen" im Anhang „Arbeitsbögen" ausfüllen. Dieser Fragebogen wird Ihnen dabei helfen, Ihren

erforderlichen Beitrag zu erkennen und das Thema Ehe/Partnerschaft besser zu verstehen. Außerdem können Sie, ausgehend von Ihren persönlichen Wertvorstellungen und Grenzen, lernen, die Dimensionen einer „romantischen Beziehung" zu bestimmen.

2. Überlegen Sie sich Orte, an denen Sie einen geeigneten Partner treffen könnten, und fertigen Sie eine Liste an. In den meisten Büchern über erfolgreiches Eheleben ist zu lesen, dass die wesentliche Grundlage für gute Beziehungen gemeinsame Interessen sind. Geeignete Plätze, einen potenziellen Partner zu finden, wären demnach Arbeitsplatz, Schule, Kirche, Kurse, Freizeit- und Sportvereine. Auch durch Freunde kann man einen potenziellen Partner kennenlernen. Bei all diesen Gelegenheiten ist es wahrscheinlich, dass Sie Menschen kennenlernen werden, die ähnliche Interessen haben wie Sie.
3. Achten Sie darauf, dass Sie jemanden treffen, der bei diesen Verabredungen die gleichen Interessen und Auffassungen hat wie Sie. Sorgen Sie dafür, dass Sie im Laufe des Beziehungs-Prozesses Ihre diplomatischen Konversationsfertigkeiten anwenden, um wichtige Themen anzusprechen. Wenn Sie beispielsweise nicht für eine feste Partnerbeziehung bereit sind, dann ist es wichtig, dass Sie der Person, mit der Sie ausgehen, diese Information mitteilen, vielleicht nicht sofort, aber zumindest zu Beginn einer Beziehung. Das kann schwierig sein, aber eine klare, diplomatische Kommunikation ist hier besonders wichtig. Wenn Sie möchten, dass ein Freund Ihnen eine Person vorstellt, mit der Sie ausgehen könnten, oder dass er Ihnen hilft, nonverbale Signale zu erkennen, achten Sie darauf, dass es jemand ist, dem Sie vertrauen können und der einen guten Ruf hat.
4. Beim romatischen Date teilen sich zwei Personen gegenseitig ihre Erfahrungen, Träume, Hoffnungen und Wünsche mit. Dieses Treffen bietet den Raum, um herauszufinden, ob man zusammenpasst. Sie sollten allerdings wissen, dass sich die Menschen beim Umwerben im Allgemeinen von ihrer besten Seite zeigen. Beispielsweise lacht die Person, mit der Sie ausgehen, dann über alle Ihre Witze. Oder sie möchte vielleicht nicht ohne Make-up gesehen werden. Oder Sie laden die andere Person lieber nicht in Ihre Wohnung ein, weil Sie nicht möchten, dass sie sieht, wie unordentlich Sie sind. Aus solchen Gründen kann es schwierig sein, hinter dem äußeren Verhalten die wahre Person zu erkennen. Dennoch ist es wichtig, dass sich beide Partner so sehen und akzeptieren wie sie sind, bevor sie sich auf eine langfristige Beziehung einlassen.

Ehe/Partnerschaft

Die Ehe/Partnerschaft ist eine zwischenmenschliche Beziehung, in der für gewöhnlich Intimität und Sexualität eine große Rolle spielen. Die Ehe wird von religiösen, sozialen und staatlichen Einrichtungen und Behörden anerkannt. In der am weitesten verbreiteten Form der Ehe/Partnerschaft werden ein Mann und eine Frau zu einem Paar. Menschen heiraten aus den unterschiedlichsten Gründen: z. B. aus rechtlichen, sozialen und wirtschaftlichen Gründen; aus dem Wunsch heraus, eine Familie zu gründen und Kinder zu haben; aus dem Wunsch heraus, eine sexuelle Beziehung zu legitimieren und/oder sich öffentlich zu einer Liebesbeziehung zu bekennen.

Viele Erwachsene mit AS heiraten und sehen sich dann mit den gleichen Herausforderungen konfrontiert wie Menschen ohne AS. Sie entdecken, dass hinter einer guten Ehe oder Partnerschaft harte Arbeit, gute Kommunikation und die Fähigkeit, die Gedanken und Gefühle des Partners zu verstehen, stecken. Eine klare Interaktion unterstützt dabei, die Bedürfnisse des Partners zu erkennen. Das ist das wichtigste Hilfsmittel, das beide benötigen, um eine erfolgreiche Ehe/Partnerschaft zu führen, ohne dass sie gleich zu „Gedankenlesern“ werden müssen.

In einer Ehe/Partnerschaft ist es wichtig, dem Partner die eigenen Bedürfnisse, Wünsche und Absichten mitzuteilen, anstatt darauf zu warten und zu hoffen, dass der Partner telepathische Fähigkeiten entwickelt und weiß, was man selber braucht, ohne dass man es ihm sagen muss. Durch eine offene Kommunikation werden Sie weniger häufig davon enttäuscht sein, dass Ihr Partner Ihre Bedürfnisse nicht ständig korrekt interpretieren kann. Dieses Problem taucht in jeder Partnerschaft auf, aber es ist besonders schwierig, wenn Sie mit AS leben. Möglicherweise nehmen Sie dann unausgesprochene Bedürfnisse oder z. B. eine wütende nonverbale Kommunikation gar nicht wahr, was dazu führen kann, dass Ihr Partner sich sehr verwirrt und frustriert fühlt.

Das amerikanische Eheberatungsinstitut „National Healthy Marriage Resource Center“ (2008) fasst zusammen, was Fachleute als die zehn wichtigsten Elemente einer gesunden Ehe/Partnerschaft ansehen:

1. *Hingabe:* Ehepartner teilen eine langfristige Perspektive. Sie nehmen sich vor, auch angesichts möglicher Schwierigkeiten durchzuhalten, und sie sind bereit, für den anderen einige ihrer persönlichen Bedürfnisse zu opfern.
2. *Zufriedenheit:* Alles in allem sind beide Partner mit ihrer Beziehung glücklich und zufrieden. Das bedeutet nicht, dass es gar keine Probleme oder Herausforderungen gibt.
3. *Kommunikation:* Eheleute interagieren miteinander, um Informationen auszutauschen und Probleme in einer respektvollen, positiven Art und Weise zu lösen.

4. *Erfolgreiche Konfliktbeseitigung:* Fast alle Paare erleben ernst zu nehmende Meinungsverschiedenheiten. Wie sie mit diesen umgehen, macht den Unterschied zwischen einer gesunden und einer ungesunden Beziehung aus.
5. *Keine Gewalt und kein Missbrauch:* Obwohl es normal ist, dass in einer Partnerschaft Konflikte entstehen, sind Aggression und Gewalttätigkeit Zeichen einer ungesunden Beziehung.
6. *Sexuelle Treue:* Partner haben außerhalb ihrer Ehe/Partnerschaft keine intimen körperlichen Beziehungen.
7. *Freundschaft und gemeinsame Zeit:* In einer gesunden Ehe/Partnerschaft verbringen beide Partner gern Zeit miteinander. Sie sind Freunde. Sie respektieren sich gegenseitig und genießen das Zusammensein.
8. *Intimität und emotionale Unterstützung:* Eine gesunde Ehe/Partnerschaft basiert auf physischer und emotionaler Intimität. Beide Partner lieben und vertrauen sich, und sie kümmern sich umeinander.
9. *Kinder:* In einer gesunden Ehe/Partnerschaft mit Kindern fühlt sich das Paar dem Wohlergehen und der Erziehung ihrer Kinder verpflichtet.
10. *Dauer:* Der Glaube daran, dass eine Ehe etwas Dauerhaftes ist und für immer halten soll, hilft, eine gesunde Partnerschaft aufrechtzuerhalten.

Die Herausforderung

Ich wurde erst mit 45 Jahren mit AS diagnostiziert, nachdem meine Frau Theresa und ich eine Eheberatung aufgesucht hatten. Sie bestand darauf, Unterstützung zu suchen, um zu lernen, miteinander zu kommunizieren. Am Ende wollte sie sich sogar scheiden lassen, wenn ich nicht mit einem Eheberater spräche. Ich wollte nicht, dass die Ehe scheitert, weil ich nicht wieder allein leben wollte, aber ich war mir einfach nicht sicher, ob eine Eheberatung helfen könnte.

Ich habe erst mit 42 Jahren geheiratet, weil ich sehr mit meiner Karriere beschäftigt war, und ehrlich gesagt waren auch nicht viele Frauen daran interessiert, mit mir auszugehen. Ich habe Theresa beruflich kennengelernt, und sie war meine erste richtige Freundin. Unser erstes Date ging von ihr aus. Hätte sie gewartet, bis ich sie um ein Date gebeten hätte, wären wir nie zusammengekommen. Ich hatte diese Art von Verabredung schon Jahre zuvor aufgegeben, weil ich das Risiko einer Zurückweisung nicht länger eingehen wollte. Ich wusste ja nicht einmal, dass sie an mir Interesse hatte, bis sie mich eines Tages nach einem Konzert fragte, ob ich mit ihr einen Kaffee trinken gehen wolle. Nach unserer ersten Verab-

> redung trafen wir uns täglich. Wir fanden beide, dass es eine gute Idee wäre zu heiraten, damit wir unsere Lebenskosten teilen und als Paar zusammenleben könnten. Ich war von dieser Idee schnell überzeugt, weil ich es leid war, allein zu leben. Es ist nicht leicht, verheiratet zu sein. Es kommt mir so vor, als ob Theresa dauernd ärgerlich auf mich ist, und ich weiß nie warum, also ignoriere ich sie dann meistens. Wenn ich sie frage, was sie stört, sagt sie, dass ich mich in meiner Arbeit verliere und sie sich im Zusammenleben mit mir einsam fühlt. Wenn ich dann vorschlage, etwas gemeinsam zu unternehmen, sagt sie, ich wäre bestimmend. Was ich auch mache, es ist nie richtig. Entweder ignoriere ich sie oder ich bin zu bestimmend. Außerdem bin ich sehr vergesslich und unordentlich. Theresa hat ein großes Bedürfnis nach einem ordentlichen Zuhause, und sie wird schnell wütend auf mich, wenn ich meine Kleidung und andere Sachen in der Wohnung verstreut herumliegen lasse. Ich möchte wirklich, dass diese Ehe funktioniert, aber ich weiß einfach nicht, wie ich Theresa glücklich machen kann.
>
> *Samuel*

PS: Samuel ist ein hochbegabter Musiker und Komponist. Er verdient viel Geld mit seiner Musik. Er hat seine Frau beruflich kennengelernt. Sie ist ebenfalls eine hochbegabte Musikerin. Theresa war von Samuels vielen Talenten fasziniert. Zuerst dachte sie, seine Neigungen, distanziert und exzentrisch zu sein, seien liebenswerte Eigenschaften, wie sie nur bei großen Genies zu finden sind. Nach einer kurzen Zeit des sich Umwerbens fing für das inzwischen verheiratete Paar der Alltag an.

Theresa fand bald heraus, dass Samuels Distanziertheit und seine exzentrischen Eigenschaften die Kommunikation zwischen ihnen beeinträchtigten. Samuel versuchte, auf Theresas Klage, dass sie sich einsam fühlt, einzugehen, aber er war nicht in der Lage, das richtige Gleichgewicht zwischen „Zeit für sich allein“ und „Zeit für Gemeinsamkeiten“ zu finden, ohne bestimmend zu erscheinen. Er war schließlich mit einer Eheberatung einverstanden. Nach mehreren Sitzungen bei einem Eheberater erklärte sich Samuel damit einverstanden, die Beurteilung eines Psychiaters einzuholen, der ihn schließlich mit AS diagnostizierte. Im Moment versucht das Paar, besser zu verstehen, in welchem Umfang Samuels Behinderung die Beziehung beeinflusst, und was beide tun können, um die Situation zu verbessern.

Die Erklärung

Viele Erwachsene mit AS heiraten und begegnen in der Ehe den gleichen Herausforderungen wie Menschen ohne AS. Es bedarf harter Arbeit, guter Kommunikationsfähigkeiten und der Fertigkeit, die Gedanken und Gefühle des Partners zu verstehen. Leider sind die letzten beiden dieser drei Aspekte für Menschen mit AS besonders schwierig zu bewältigen.

Die Probleme, mit denen Samuel und Theresa in ihrer Ehe konfrontiert sind, beziehen sich auf die Kommunikation und die Wahrnehmung von Gedanken und Gefühlen. Vor Samuels Diagnose verlangte Theresa von ihm, ihre Gedanken und Gefühle wahrzunehmen und richtig zu interpretieren, ohne dass er sich dabei auf ein Gespräch stützen konnte. Obendrein erwartete sie von ihm, dass er auf ihre Bedürfnisse in einer für sie angemessenen Weise reagierte. Seine Unfähigkeit, ihre Gedanken und nonverbalen Zeichen zu lesen, führte dazu, dass sie ihn als distanziert und unsensibel ansah. Vor der Hochzeit erschienen ihr diese Eigenschaften noch als liebenswert und kreativ. Es kommt in einer Ehe/Partnerschaft häufig vor, dass einer der Partner seine Meinung bezüglich bestimmter Verhaltensweisen ändert, die er in der Phase des Umwerbens noch akzeptiert oder über die er hinweggesehen hatte. Die gleichen Verhaltensweisen, die Theresa zuerst liebenswert fand, sind nun genau die, die sie ändern möchte. Wechselnde Erwartungshaltungen nach der Eheschließung können für den Partner, der mit AS lebt, verwirrend sein. Der Fairness halber muss gesagt werden, dass weder Theresa noch Samuel auf die Herausforderungen des Ehelebens vorbereitet waren.

In dieser Situation erkennt Samuel, dass Probleme vorliegen und er seinen Teil zu der Missstimmung beiträgt. Außerdem lernt er, dass seine Schwierigkeiten keine Charakterfehler, sondern das Resultat einer Entwicklungsstörung sind. Das Paar lernt, dass Veränderungen durch die Unterstützung von anderen Menschen möglich sind.

Es ist wichtig, dass Menschen mit AS begreifen, dass Partnerschaften und intime Liebesbeziehungen die Früchte harter Arbeit sind. Die Scheidungsrate ist bei Männern und Frauen mit AS sehr hoch, manche Fachleute sagen, dass sogar 80 Prozent dieser Ehen geschieden werden. Der Prozentsatz fällt niedriger aus bei Paaren, wenn beide Partner mit AS oder einer anderen sozialen Behinderung leben. In jedem Fall ist eine erfolgreiche langfristige Ehe/Partnerschaft selten. Daher ist es notwendig, dass ein von AS betroffenes Paar die anstehende harte Arbeit akzeptiert und sich dabei Hilfe von anderen Menschen sucht, die sie ermutigen, unterstützen und es in die Richtung einer reifen und erfolgreichen Ehe/Partnerschaft führen.

Die Lösung

Um die Qualität in einer von AS betroffenen Ehe aufrechtzuerhalten oder zu verbessern, müssen beide Partner akzeptieren, dass dieses Ziel harter Arbeit bedarf.

- Eine Beratung vor der Eheschließung hilft beiden Partnern, sich gegenseitig besser kennenzulernen und die Kompetenzen zu entwickeln, die für eine gute Kommunikation in der Ehe erforderlich sind. Achten Sie darauf, dass die Sitzungen über einen Zeitraum von mehreren Monaten hinweg stattfinden. Es sollten auch noch andere Themen aufgegriffen werden, nicht nur Details der Hochzeit. Ehe- und Paarberatungen werden von verschiedenen nicht-konfessionellen und konfessionellen Trägern sowie niedergelassenen Psychologen angeboten.
- Eine nützliche Strategie, um Probleme rechtzeitig zu erkennen, ist eine regelmäßige Zusammenkunft, bei dem sich beide Partner zusammensetzen und bewerten, wie zufrieden sie mit der Ehe/Partnerschaft sind. Rechtzeitiges Erkennen von Problemen gibt dem Paar die nötige Zeit, um Unterstützung zu suchen und hilfreiche Methoden anzuwenden, bevor es die Hoffnung verliert. Dies könnte wöchentlich oder einmal pro Monat stattfinden. Dabei erzählt jeder Partner, was er in der vergangenen Woche oder im vergangenen Monat zur Ehe/Partnerschaft beigetragen hat, und danach diskutieren beide darüber, wie man was verbessern könnte. Dieser Ansatz ist der typischen Art, wie Paare über ihre Probleme diskutieren, vorzuziehen. Häufig ist es sonst so, dass eine Person die Defizite der anderen beschreibt und ihr dann sagt, wie sie sich verändern kann. Es ist von großem Vorteil und weniger frustrierend, die Energie darauf zu fokussieren, sich selbst zu verändern, anstatt zu versuchen, den Partner zu verändern.
- In einer Paarberatung kann man das Training bestimmter Kompetenzen lernen, die in einer Ehe/Partnerschaft erforderlich sind. Lerninhalte können z. B. sein:
  - wie man miteinander reden kann, ohne sich zu streiten;
  - Fertigkeiten der Konfliktlösung;
  - Übungen, um das gegenseitige Vertrauen und das Verantwortungsgefühl zu stärken;
  - Fertigkeiten für eine gute Haushaltsführung durch das Erstellen eines Haushaltsplans;
  - Entscheidungstechniken;
  - wie man besser auf den anderen eingeht.
- Eine Eheberatung oder Paartherapie bietet Rat, Ermutigung und neue Einsichten bezüglich des Partners und des Zusammenlebens. Man lernt, sich Ziele zu setzen und Möglichkeiten der Konfliktlösung zu entwickeln. Außerdem können auch intime Probleme angesprochen werden. Wir denken

oft, dass wir unsere Probleme allein lösen müssen, aber das stimmt nicht immer. Ehe- oder Partnerschaftsprobleme können mit größerer Wahrscheinlichkeit eher gelöst werden, wenn eine Eheberatung stattfindet, bevor die Probleme chronisch werden. Achten Sie darauf, dass Sie einen Eheberater oder Paartherapeuten auswählen, der sich sehr gut mit Autismus-Spektrum-Störungen auskennt.

Elternschaft

Elternschaft heißt, ein Kind von der Geburt an bis zum Erwachsenenalter zu begleiten und für seine Entwicklung, Erziehung und Ausbildung zu sorgen. In den meisten westlichen Ländern wird man mit 18 Jahren volljährig, in vielen Fällen besteht aber ihre Fürsorglichkeit und ihr Verantwortungsgefühl gegenüber dem Kind weiter.

Eltern sind dafür verantwortlich, die physischen, emotionalen, sozialen und intellektuellen Bedürfnisse ihres Kindes zu erfüllen, indem sie ihm Schutz, ein Zuhause, Kleidung, gesunde Ernährung, Gesundheitsfürsorge, Erziehung, Ausbildung, Liebe und ein Zugehörigkeitsgefühl geben. Elternsein ist ein 24-Stunden-Job, 7 Tage die Woche und mindestens für eine Dauer von 18 Jahren. Eine amerikanische Organisation für werdende Eltern schreibt, dass Elternsein zwar der herausforderndste Job ist, den man je haben wird, aber dass es auch das wunderbarste Abenteuer ist, das das Leben zu bieten hat (Becoming Parents Program, 2006).

Die Herausforderung

Ich bin eine Mutter und lebe mit AS. Mein Mann und ich haben zwei Kinder im Alter von fünf und sieben Jahren. Andere Leute fragen mich oft, wie es ist, als Mutter mit AS zu leben, und ich weiß nie so richtig, was ich darauf antworten soll, weil ich ja nur diese eine Erfahrung kenne. Ich weiß nicht, in welcher Hinsicht sich meine Erfahrungen von denen anderer Mütter unterscheiden. Ich würde sagen, dass es in meinem Leben als Mutter große Herausforderungen gibt, aber ich denke, das gilt für jede Mutter. Als ich merkte, dass ich schwanger war, nahm ich mir vor, so viel wie möglich über Kinder und Elternsein zu lernen. Ich hatte die Sorge, dass ich es nicht einfach so auf natürliche Art lernen würde, also wollte ich mich weiterbilden. Ich besuchte Kurse, die sich um das Elternsein drehten, und abonnierte drei verschiedene Zeitschriften für El-

tern. Ich las sie immer von der ersten bis zur letzten Seite durch und schnitt mir Artikel aus, die ich für wichtig hielt.
Mein Mann hilft mir viel mit den beiden Jungen, aber im Allgemeinen bin ich dafür verantwortlich, sie zur Schule, zu ihren Freizeitaktivitäten und Verabredungen zu bringen. Einen Tagesplan zu organisieren und einzuhalten, ist mein größtes Problem. Ich habe mein eigenes System mit selbstklebenden Notizzetteln entworfen, um Termine einhalten zu können. An meinem Kühlschrank hängt ein Kalender, und jeden meiner Zettel klebe ich dazu. Jeder in unserer Familie weiß, dass er nur am Kühlschrank nachsehen muss, wenn er Informationen über unsere ganzen Termine sucht. Andere Menschen haben oft Bedenken, ob ich in der Lage bin, meine Kinder sozial zu integrieren, aber ich bin mir ziemlich sicher, dass ich das gut hinbekomme. Meine Kinder gehen zur Schule und nehmen auch an Freizeitaktivitäten teil. Manchmal laden sie Freunde ein, aber im Allgemeinen bleiben wir als Familie gern unter uns. Alle wirken mit diesem Arrangement zufrieden. Falls ich einmal Bedenken von Seiten der Schule oder von anderen Menschen in Bezug auf die soziale Integration meiner Söhne hören sollte, würde ich alles Nötige veranlassen, damit entsprechende Lösungswege gefunden werden. Ich muss ja nicht die Hauptperson sein, die sie sozial integriert, aber ich kann zumindest dafür sorgen, dass sie dazu ausreichend Gelegenheiten bekommen und Erfahrungen sammeln.

Sondra

PS: Sondra ist Mutter zweier Söhne, und sie hat AS. Ihr Mann unterstützt sie sehr bei der Erziehung. Als sie schwanger wurde, sorgte sie sich über ihr Unwissen, wie man Kinder großzieht. Deswegen entschloss sie sich, so viel wie möglich über Kinder und Elternschaft zu lernen. Später hat sie ein System entworfen, um ihren Tagesablauf zu strukturieren. Dieses System funktioniert in ihrer Familie gut, und sie kann es ihren Söhnen beibringen, wenn sie älter sind.

Die Erklärung

Elternschaft ist ein Vollzeitjob. Es bedarf eines enormen Energie- und Zeitaufwands sowie beträchtlicher finanzieller Mittel, sich von der Geburt an bis zum Erwachsenenalter um die Bedürfnisse eines Kindes zu kümmern. Sondra macht sich Gedanken, ob sie vielleicht nicht genügend Hintergrundwissen hat um eine gute Mutter zu sein. Sie erkennt das enorme Ausmaß dieser Aufgabe und ahnt die Möglichkeit, dass es dabei zu Schwierigkeiten kommen kann.

Um ihren Mangel an intuitivem Verständnis von Elternschaft zu kompensieren, sucht sich Sondra Hilfe, wie sie ihr Wissen erweitern und sich besser auf ihre Mutterrolle vorbereiten kann. Sie liest viel, beschafft sich Hilfsmittel und entwirft ein einfaches System, wie sie ihr Leben gut organisieren kann. Sie setzt bei dieser Herausforderung ihre guten kognitiven Fähigkeiten ein, um ihre schwächer ausgeprägten sozialen Kompetenzen zu kompensieren. Sie weiß über die Bedürfnisse ihrer Kinder nach sozialen Aktivitäten und Beziehungen Bescheid und versucht, ihnen so gut wie möglich entsprechende Anreize zu bieten. Außerdem beobachtet sie die Situation kontinuierlich und weiß, dass sie möglicherweise Unterstützung von anderen Menschen benötigen wird, falls dies für ihre Söhne erforderlich wird.

Für viele werdende Eltern mit AS ist die finanzielle Situation sehr schwierig. Etliche Erwachsene mit AS sind entweder arbeitslos oder unterbeschäftigt. Dieser Umstand wirkt sich ungünstig auf die finanzielle Versorgung der Familie aus. In einer solchen Situation sind die Eltern oft von externer oder staatlicher Unterstützung abhängig. Das kann frustrierend für Eltern sein, die ihren Kindern gern die Mittel zur Verfügung stellen möchten, die sie benötigen, um ihr Potenzial zu entfalten.

Die Lösung

Elternschaft ist für alle Menschen eine Herausforderung, aber das ist besonders der Fall, wenn ein oder beide Elternteile mit AS leben. In folgenden Bereichen können Schwierigkeiten vor allem auftreten: emotionale Bindungen zu den eigenen Kindern entwickeln und pflegen; für die nötige Struktur und für das nötige körperliche Wohlergehen sorgen; angemessene soziale Verhaltensweisen am eigenen Beispiel zeigen und vermitteln; Gelegenheiten für soziale Kontakte und Aktivitäten bieten; finanzielle Mittel und andere Hilfsmittel zur Verfügung stellen, die die Kinder benötigen, um sich im Leben weiterzuentwickeln.

➢ Für die Elternschaft bietet ein kognitiver Ansatz eine gute Ausgangsbasis. Das kognitive Modell bezieht sich auf intellektuelle Konzepte vom Elternsein, die man erlernen kann. Ein intellektuelles Konzept ergibt sich daraus, wie die Dinge normalerweise ablaufen. Kinder haben z. B. Hunger und brauchen eine ausgewogene gesunde Ernährung, um zu wachsen und gesund zu bleiben. Das erfordert in der Regel drei Mahlzeiten pro Tag sowie kleinere Zwischenmahlzeiten. Wenn ein Elternteil aber normalerweise nur zweimal am Tag eine Mahlzeit zu sich nimmt, bedarf diese Abweichung von der Routine bereits erhebliche Planung. Dieser Ansatz ist sehr systematisch und basiert darauf, Informationen über die Bedürfnisse des

Kindes sowie über die Rolle und Verantwortung der Eltern, diesen Bedürfnissen gerecht zu werden, zusammenzutragen. Dieses Wissen kann erworben werden

- durch den Besuch spezieller Kurse (auch Online-Kurse), die sich mit der Entwicklung des Kindes und mit den unterschiedlichen Erziehungsmethoden befassen;
- durch den Austausch mit Familienmitgliedern, Freunden und Bekannten über Erziehungsmöglichkeiten;
- durch Beobachtung der Erziehungsmethoden anderer Menschen und Reflektion darüber;
- durch die Lektüre von Büchern und Artikeln zu diesem Thema.

➢ Seien Sie empfänglich für Kommentare und Ideen anderer Menschen; machen Sie sich bewusst, dass Sie in bestimmten Bereichen des Elternseins möglicherweise „blind“ sind.

➢ Seien Sie dazu bereit, Ihren Kindern Möglichkeiten und Erfahrungen zu bieten, die sie benötigen, um sich in allen Bereichen gut zu entwickeln, insbesondere in den Bereichen, in denen es Ihnen selbst an Kompetenz oder Selbstvertrauen mangelt.

➢ Seien Sie wachsam Ihren Kindern gegenüber. Fragen Sie sie direkt, wenn Sie sich über ihre Bedürfnisse oder ihr Wohlbefinden nicht sicher sind. Wenn Ihr Kind noch klein ist, kann es möglicherweise seine Bedürfnisse nicht äußern, daher müssen Sie sein Verhalten interpretieren. Verhalten ist auch immer gleichzeitig Kommunikation, und bei einem Kind im vorsprachlichen Alter oder bei einem Kleinkind ist das teilweise der einzige Weg, um Einsicht in seine Bedürfnisse zu bekommen. Falls Sie Schwierigkeiten haben, eine Verhaltensweise genau zu interpretieren, bitten Sie einen Freund, ein Familienmitglied oder die Lehrerin des Kindes, Sie bei der Interpretation zu unterstützen. Machen Sie sich über das Verhalten des Kindes Notizen in ein Tagebuch, um seinen Kommunikationsstil besser zu begreifen. Wenn Sie Verhaltensweisen aufschreiben, fällt es Ihnen mit der Zeit leichter, Kommunikationsmuster zu identifizieren, und Sie können zukünftige Verhaltensweisen eher korrekt interpretieren. Verwenden Sie den Arbeitsbogen „Kommunikationsverhalten“ im Anhang „Arbeitsbögen“, um Ihre Beobachtungen zu notieren.

➢ Sprechen Sie mit Ihrem Partner über Ihre Bedenken und Bemühungen, eine gute Mutter oder ein guter Vater zu sein. Bitten Sie ihn, sich Ihren Bemühungen anzuschließen. Wenn er oder sie nicht völlig mit Ihrem Plan übereinstimmt, gewöhnen Sie ihn oder sie schrittweise daran, indem Sie bei Bedarf hilfreiche und nützliche Informationen zur Verfügung stellen.

➢ Suchen Sie sich Unterstützung von anderen, z. B. von Ihrer Familie, von Freunden oder von anderen Organisationen.

Fremde

Fremde sind Menschen, mit denen man noch keinerlei sozialen Kontakt hatte. Es sind normalerweise keine Familienmitglieder, obwohl Familienmitglieder, die man noch nie getroffen hat, auch zu der Kategorie „Fremde“ gehören können. Wir setzen den Begriff „Fremde“ oft mit „gefährlichen Menschen“ gleich, weil wir als Kinder von unseren Eltern vor uns unbekannten Personen gewarnt wurden, aber tatsächlich sind alle Menschen, die wir nicht kennen oder die wir noch nie getroffen haben, Fremde. Die Schwierigkeit liegt also darin, zu bestimmen, welche Personen aus dieser Gruppe eventuell das Potenzial zu Freunden oder Bekannten hätten und welche Menschen wir lieber meiden sollten. Es ist wahrscheinlich am besten, erst einmal bei allen Vorsicht walten zu lassen. Wenn Sie jemanden nicht kennen, nehmen Sie lieber zuerst an, dass Sie dieser Person nicht vertrauen können, bis Sie ihre Vertrauenswürdigkeit festgestellt haben. Geben Sie keine persönlichen oder finanziellen Informationen an unbekannte Personen weiter und gehen Sie mit keiner Ihnen unbekannten Person allein mit.

Die Herausforderung

Ich arbeite als Servicekraft in einem Fast-Food-Restaurant. Dort wische ich die Tische und den Boden und kümmere mich darum, dass die Theke mit den Würzmitteln aufgeräumt ist. Das mache ich besonders gern und werde von anderen für meine Ordentlichkeit häufig gelobt. Ich arbeite gern im Restaurant, weil mir mein Job gefällt. Meine Kollegen sind meine Freunde. Eines Abends, in der Spätschicht, versuchte mich ein Mann ständig anzusprechen und sagte zu mir, ich sei ein hübsches Mädchen. Mein Chef sagte zu ihm, er solle mich in Ruhe lassen, ich sei bei der Arbeit. Der Mann verließ zwar an diesem Abend das Restaurant, kam dann aber jeden Tag wieder. Jedes Mal beim Hereinkommen begrüßte er mich. Normalerweise aß er nichts, sondern trank nur eine Tasse Kaffee. Nach zwei Wochen fragte er mich, ob ich mit ihm auf einen Drink in die Bar nebenan gehen würde. Ich wollte gerne und schlug ein Treffen nach Arbeitsschluss vor dem Restaurant vor.

Mein Chef hörte unser Gespräch mit und sagte dann zu mir, er halte es für keine gute Idee, mit diesem Mann auszugehen, weil er ein Fremder sei. Ich hielt ihn gar nicht für einen Fremden, weil er so nett war und ich ihn jeden Tag gesehen hatte. Mein Chef sagte aber, dass ich den Mann besser „unter die Lupe nehmen“ müsse. Ich war mir nicht sicher, was er

mit diesem Ausdruck meinte, also fragte ich meine Schwester um Rat. Sie war sehr aufgebracht, weil ich bei der Arbeit mit einem fremden Mann gesprochen hatte. Sie erklärte mir, dass der Mann ein Fremder sei, weil ich ihn nicht kannte, und sie sagte, dass seine Bemerkungen verdächtig seien, weil es nicht höflich sei, mich am Arbeitsplatz zu belästigen und mir zu sagen, ich sei ein hübsches Mädchen.
Dieser Mann galt also als ein Fremder, weil ich nichts von ihm wusste, und meine Schwester sagte, er sei verdächtig. Das jagte mir Angst ein, und ich beschloss, mich nicht mit ihm zu verabreden. Ich wollte ihn überhaupt nicht mehr sehen, aber ich wusste, er würde wieder an meinen Arbeitsplatz kommen. Als ich ihn wiedersah, sagte ich ihm, dass ich nicht mit ihm ausgehen könne, aber er versuchte immer wieder, mich zu überreden. Er sagte: „Bitte, du bist sehr hübsch und wir werden viel Spaß haben." Ich bekam es mit der Angst zu tun. Es war mir bewusst, dass ich ein Problem hatte, also schaute ich meinen Chef an, der gerade aus der Küche kam, und bat den Mann zu gehen, weil ich mit ihm kein Date haben wollte. Der Mann fluchte ein bisschen vor sich hin und ging dann. Ich habe ihn nie wieder gesehen. Ich bin froh, dass mir mein Chef und meine Schwester bei diesem Problem geholfen haben.

Candice

PS: Candice ist eine attraktive 24-jährige Frau, die hart arbeitet und ihre Arbeit sehr gut erledigt, obwohl sie unterbezahlt ist. Ihr Job bringt sie mit der Außenwelt in Kontakt. Sie ist freundlich, jedoch naiv bezüglich ihrer Umwelt. Sie fühlt sich von den Annäherungsversuchen eines Unbekannten geschmeichelt, und nach ein paar Wochen versucht er beharrlich, sie zu einem Date zu überreden. Ihre Kollegen machen sich Sorgen, da sie bei dem Unbekannten subtile fragwürdige Eigenschaften und Verhaltensweisen wahrnehmen, die Candice nicht registriert. Sie erlaubt ihrem Chef, den Fremden unter die Lupe zu nehmen, und findet so heraus, dass er für ein Date nicht infrage kommt.

Die Erklärung

Für einen Teenager oder Erwachsenen mit AS kann es sehr schwierig sein, Fremde als solche zu erkennen, nonverbale Kommunikation zu interpretieren und die verbale richtig zu bewerten. Dadurch gerät die Person in eine verletzliche Position und geht ein beträchtliches Risiko ein, drohende Gefahr nicht richtig einschätzen zu können.

Jemanden als Fremden zu identifizieren, fällt Teenagern oder Erwachsenen mit AS sehr schwer, denn dazu muss man zuerst feststellen können, ob man denjenigen bereits zuvor einmal getroffen hat. Allein das ist schon problematisch, da viele Menschen mit AS Schwierigkeiten haben, Gesichter wiederzuerkennen. Dazu muss man sich das Gesicht und die Augen einer anderen Person lange genug anschauen, um sich alles einzuprägen. Viele Teenager oder Erwachsene mit AS finden direkten Augenkontakt jedoch schwierig und vermeiden ihn. Dadurch wird der Vorgang beeinträchtigt, den Gesichtsausdruck als Erinnerung im Gedächtnis abzuspeichern. Das wiederum reduziert die Wahrscheinlichkeit, dass eine Person mit AS zwischen einem Bekannten und einem Fremden unterscheiden kann. Candice hatte den Mann aus dem Restaurant zwar zu Anfang als Fremden eingeordnet, da sie sein Gesicht nicht kannte. Nachdem sie ihn jedoch mehrere Male im Restaurant gesehen hatte, änderte sie ihre Zuordnung, aufgrund der Häufigkeit des Kontaktes, nicht weil sie mehr Informationen über die Person gesammelt hatte.

Ein verdächtiger oder sogar gefährlicher Fremder offenbart möglicherweise seine Absichten eher durch nonverbale Kommunikation wie Körperhaltung, Gestik und Gesichtsausdruck. Nonverbale Hinweise können einem Beobachter die Absichten eines Fremden mitteilen. Denken Sie daran, dass Menschen auch dann durch nonverbale Kommunikation kommunizieren, wenn sie es vielleicht gar nicht möchten. Der wache menschliche Körper drückt sich auch ohne Erlaubnis aus. Für viele Teenager und Erwachsene mit AS ist es schwierig, die subtilen nonverbalen Mitteilungen, die ein Fremder aussendet, richtig zu interpretieren. Candice war nicht in der Lage, die Hinweise des Fremden als gefährlich einzustufen, während ihr Chef subtile Eigenarten wahrnahm, die ihn auf die Gefahr aufmerksam machten. Glücklicherweise äußerte er seine Bedenken gegenüber Candice, und sie stimmte zu, vor einer Verabredung zuerst weitere Informationen über den Fremden einzuholen. Das hat vielleicht eine brenzlige Situation verhindert.

Um die Authentizität einer verbalen Kommunikation richtig zu bewerten, bedarf es der Scharfsinnigkeit und der Fähigkeit, in sozialen Situationen die richtigen Schlussfolgerungen zu ziehen. Das bedeutet, dass man in der Lage sein muss zu erkennen, ob ein Fremder die Wahrheit spricht oder nicht. Candice hat die meisten Schwierigkeiten damit, die Schmeicheleien des fremden Mannes genau zu interpretieren. Er sagt zu ihr: „Du bist so ein hübsches Mädchen“ und: „Du bist sehr hübsch und wir werden viel Spaß zusammen haben.“ Candice versteht nicht, dass es unangemessen ist, wenn der Mann sie bei ihrer Arbeit stört, sexuelle Annäherungsversuche macht und ihr „Nein“ nicht als Antwort akzeptiert. In Candices Fall beeinträchtigen ihre positiven Eigenschaften wie Ehrlichkeit und Sinn für Fairness ihre Fähigkeit, die Unehrlichkeit des Mannes wahrzunehmen. Sie wird von dem Fremden als naiv und leichtgläubig angesehen, was für sie ein enormes Risiko birgt, missbraucht zu werden. Viele Kriminelle suchen sich gezielt Personen aus, die ihre Umwelt nicht gut einschätzen und Gefahr nicht schnell erfassen können.

Teenagern und Erwachsenen mit AS kann es daher leicht passieren, Opfer von Diebstahl, Raub, Missbrauch, Erpressung, Betrug oder Überfall zu werden.

Die Lösung

Hier werden einige Schritte beschrieben, durch die man die eigene Sicherheit in Gegenwart von Fremden erhöhen kann.

1. Erstellen Sie eine Liste mit Ihren persönlichen Sicherheitsregeln gegenüber Unbekannten und halten Sie sich strikt daran. Verfassen Sie Ihre eigenen Regeln, indem Sie den Arbeitsbogen „Persönliche Sicherheitsregeln" im Anhang „Arbeitsbögen" ausfüllen. Ein Beispiel für eine persönliche Liste könnte folgende Punkte enthalten:
   - Ich spreche nicht mit Fremden.
   - Ich akzeptiere keine Geschenke, kein Geld oder Essen von Fremden.
   - Ich fahre nicht bei Fremden im Auto mit.
   - Ich gebe keine persönlichen oder finanziellen Informationen an Fremde weiter.
   - Ich lasse Fremde nicht an mein Essen oder mein Getränk.
   - Ich helfe keinem Fremden.
2. Bilden Sie ein Netzwerk von Menschen, die Sie kennen und deren Feedback bezüglich unbekannter Menschen Sie vertrauen. Sie können diese Personen als „vertrauenswürdige Verbündete" bezeichnen. Zu diesem Personenkreis können Ihre Eltern, Geschwister, Lehrer, Kollegen oder Vorgesetzten zählen. Falls Sie von einem Fremden bedrängt werden, obwohl Sie dessen Annäherungsversuche ignoriert haben, sagen Sie unbedingt jemandem Bescheid. Bitten Sie um dessen Meinung bezüglich der Motive des Fremden. Berücksichtigen Sie diese Meinung bei Ihrer Einschätzung des Unbekannten und halten Sie sich unbedingt an Ihre persönlichen Sicherheitsregeln.
3. Beachten Sie, dass Menschen bei einer Kommunikation im Internet alles behaupten können, was sie möchten, egal, ob es wahr ist oder nicht. Eine Person sagt vielleicht, sie sei jung, obwohl sie alt ist, oder sie sei weiblich, obwohl sie männlich ist, oder sie sei ehrlich und fürsorglich, obwohl sie in Wirklichkeit ein Dieb ist. Es ist schwierig zu erkennen, ob eine Person, mit der man im Internet kommuniziert, die Wahrheit sagt, daher ist es besser, die Kommunikation im Internet auf einer unpersönlichen Ebene zu halten und so wenig wie möglich über sich preiszugeben.

- Falls Sie mit jemandem online kommunizieren, den Sie unbedingt treffen möchten, achten Sie darauf, dass Ihre vertrauenswürdigen Verbündeten Sie unterstützen, diese Person zu überprüfen, *bevor* Sie irgendeine Information weitergeben, anhand derer Ihr Aufenthaltsort lokalisiert werden könnte.
- Denken Sie daran, dass Sie Ihren vertrauenswürdigen Verbündeten mitteilen, mit wem Sie im Internet kommunizieren. Treffen Sie sich niemals allein mit jemandem, den Sie im Internet kennengelernt haben, bevor Sie seine Geschichte von verlässlichen Quellen haben überprüfen lassen.
- Bewahren Sie Kopien Ihrer Unterhaltungen auf, falls Sie möchten, dass einer Ihrer Verbündeter sie begutachtet.

4. Trainieren Sie Ihre Beobachtungsgabe. Wählen Sie einen Schauspieler aus, wenn Sie mit einem Freund oder Familienmitglied einen Film oder ein Fernsehprogramm anschauen, und beobachten Sie ihn beide über einen Zeitraum von zehn bis fünfzehn Minuten. Führen Sie Ihre Beobachtungen getrennt durch und vergleichen Sie sie am Ende der verabredeten Zeitspanne. Verwenden Sie hierbei den Arbeitsbogen „Übung: Körpersprache beobachten“ im Anhang „Arbeitsbögen“ als Unterstützung. Beobachten Sie das Verhalten und die Körpersprache des Gegenspielers oder Bösewichts im Film. Notieren Sie Ihre Beobachtungen. Beobachten Sie das Verhalten und die Körpersprache der Hauptfigur, die im Film das Gute repräsentiert. Notieren Sie auch hier Ihre Beobachtungen. Vergleichen Sie Ihre Beobachtungen und achten Sie dabei besonders auf die Mitteilungen, die jenseits der Worte durch Körpersprache ausgesendet wurden.

Es macht Spaß herauszufinden, ob man in der Lage ist Körpersprache zu erkennen, die mit der gesprochenen Mitteilung nicht übereinstimmt; in einem solchen Fall spricht man normalerweise von schlechter Schauspielkunst. Die nonverbalen Hinweise sollten eigentlich mit der gesprochenen Mitteilung übereinstimmen; es sei denn, der Schauspieler möchte bewusst widersprüchliche Mitteilungen aussenden. Überprüfen Sie anhand der Beobachtungen Ihres Freundes die Treffsicherheit Ihrer Interpretation und üben Sie weiter.

3. Gesundheit und medizinische Versorgung

Achten Sie auf die eigene körperliche und seelische Gesundheit, Sie steigern so Ihr allgemeines Wohlbefinden und können die sozialen Anforderungen besser bewältigen. Menschen, die sich gesund fühlen, haben mehr Energie. Sind Gesundheit und Fitness durch schlechte Ernährung, mangelnde Bewegung, unregelmäßigen und fehlenden Schlaf und schlechte Gesundheitspflege beeinträchtigt, dann bleibt nur noch wenig Energie übrig, um die Herausforderungen zu meistern, die ein Leben mit AS mit sich bringt.

Dieses Kapitel befasst sich mit dem Thema Gesundheit und ihren einzelnen Aspekten wie Ernährung, Fitness, Schlafgewohnheiten sowie seelische und körperliche Gesundheitsfürsorge. Jedes Thema wird einzeln definiert und erläutert. Persönliche Geschichten beschreiben die Schwierigkeiten und besonderen Herausforderungen von Teenagern und Erwachsenen, die mit AS leben. Für jeden einzelnen Bereich werden praktische Lösungswege aufgezeigt, die schrittweise und leicht nachvollziehbar sind.

Ernährung, Fitness und Schlaf

Eine ausgewogene Ernährung und regelmäßige Bewegungs- und Schlafgewohnheiten tragen wesentlich zu einer guten Gesundheit bei. Gesunde Ernährung ist besonders wichtig. Es gibt kein einzelnes Nahrungsmittel, das alle Nährstoffe enthält, die der Körper benötigt, um gesund und leistungsfähig zu sein. Daher sollte man seine Ernährung so zusammenstellen, dass sie nährstoffreiche und vitaminreiche Nahrungsmittel enthält, die den Körper so leistungsstark wie möglich machen und ihn mit allem versorgen, was nötig ist.

Für eine ausreichende Energieversorgung muss unsere Ernährung in Bezug auf Kohlenhydrate, Fette, Eiweiße und Vitamine ausgewogen sein. Eine zu geringe Eiweißzufuhr kann den Haarwuchs und andere Körperfunktionen beeinträchtigen, während eine zu hohe verschiedene Organe, einschließlich der Nieren und der Leber, belasten kann. Eine zu geringe oder fehlende Fettaufnahme kann zu Untergewicht und Unfruchtbarkeit, eine zu hohe zu Übergewicht und Herzerkrankungen führen. Eine zu hohe Zufuhr von Kohlenhydraten kann zu Übergewicht, Diabetes und Herzinfarkt führen, während eine zu geringe Müdigkeit, Muskelkrämpfe und geistige Schwäche verursachen kann. Eine unzureichende Menge an Vitaminen, Mineralien und Ballaststoffen kann zu allgemeinen Mangelerscheinungen und Verdauungsbeschwerden führen.

Das Bundesministerium für Ernährung, Landwirtschaft und Verbraucherschutz (2011) schreibt: „Abwechslungsreich sollte die tägliche Ernährung sein, mit viel Obst und Gemüse sowie reichlich Getreideprodukten, also Brot (vorzugsweise aus Vollkorn), Reis, Nudeln, Kartoffeln und Getreideflocken. Ergänzt wird diese Basis durch (möglichst fettarme) Milchprodukte, Fleisch und Fisch, zwei bis drei Eier pro Woche und geringe Mengen an (pflanzlichen) Fetten und Ölen. Eine ausreichende Flüssigkeitszufuhr von mindestens 1,5 Liter – je nach Temperatur und körperlicher Betätigung auch mehr – sollte die Nahrungsaufnahme begleiten."

Jeder Mensch sollte gewisse sportliche Betätigungen in seine tägliche Routine einbeziehen, das ist für junge Menschen besonders wichtig. Sportliche Betätigung erhöht das Durchhaltevermögen, die Widerstandskraft und reguliert das Körpergewicht. Schwimmen, Radfahren, Skifahren, Jogging, Aerobic und Walking sind mögliche Wege, um sich fit zu halten. Auch alle Teamsportarten wie z. B. Fußball eignen sich hervorragend für eine körperliche Betätigung. Die Deutsche Gesellschaft für Ernährung e. V. schreibt in ihren „Vollwertig essen und trinken nach den 10 Regeln der DGE" (2011), dass jeder gesunde Erwachsene im Alter von 18 bis 65 Jahren 30 bis 60 Minuten pro Tag eine moderat beanspruchende körperliche Aktivität durchführen sollte.

Regelmäßig sportlich aktiv zu sein, kann auch zu besserem Schlaf verhelfen, Symptome von Angst und Depression reduzieren, Menschen dabei helfen, mit dem Rauchen aufzuhören und Nichtraucher zu bleiben, kann die geistigen Funktionen stärken und das sexuelle Erleben intensivieren. Sport hilft außerdem dabei, Cholesterinspiegel und Blutdruck zu senken und das Risiko für Osteoporose, Diabetes und Herzerkrankungen zu verringern.

Ein guter und ausreichender Schlaf ist für die körperliche und emotionale Gesundheit überaus wichtig. Untersuchungen haben gezeigt, dass ohne ausreichend Schlaf, die Fähigkeit einer Person, auch nur einfache Aufgaben zu bewältigen, in hohem Maße beeinträchtigt wird. Symptome von Schlafmangel sind eingeschränktes Leistungsvermögen, Reizbarkeit, Konzentrationsschwierigkeiten und Schläfrigkeit am Tage (Killgore, Balkin & Wesenten, 2006). Eine mögliche Folge von Schlafmangel ist, dass Autofahrer beim Fahren einschlafen. Ein Drittel aller Autofahrer ist schon mal am Lenkrad eingeschlafen. Die dadurch verursachten Kosten belaufen sich auf ca. 30 Milliarden Dollar pro Jahr, und es kommt zu ungefähr 100 000 Unfällen, 71 000 Verletzten und 1500 Todesfällen pro Jahr (Wang & Knipling, 1994).

Die Stunden, die Teenager und Erwachsene an Schlaf benötigen, variieren. Im Durchschnitt benötigt ein Teenager jede Nacht 9,5 Stunden Schlaf, während ein Erwachsener sechs bis acht Stunden braucht. Der tatsächliche Bedarf ist aber von Person zu Person unterschiedlich. Der erhöhte Schlafbedarf während der Teenagerzeit wird im Allgemeinen dem beschleunigten Wachstum und den vielen körperlichen Veränderungen zugeschrieben, die in dieser Phase stattfinden. Der Schlafbedarf verringert sich, wenn der Körper voll entwickelt ist.

Anzeichen von Schlafmangel sind z. B.: Probleme, morgens aufzuwachen, wiederholtes Einschlafen am Tage, Reizbarkeit am Nachmittag, das Verschlafen von Wochenenden, Gedächtnis- und Konzentrationsschwierigkeiten, das Problem, nachts oft aufzuwachen und schwer wieder einschlafen zu können, Stimmungsschwankungen, Depressionen sowie schwache Leistungsfähigkeit in der Schule oder bei der Arbeit.

Die Vorteile gesunden Schlafes sind: eine schnellere Genesung von Krankheiten oder Verletzungen, besserer Umgang mit Stress, eine erhöhte Konzentrationsfähigkeit, eine verbesserte Fähigkeit, mit kleineren Ärgernissen umzugehen, eine gute Fähigkeit, Aufgaben zu bewältigen, die logisches Denken und mathematische Kalkulation erfordern, gute persönliche Beziehungen sowie eine klare Hand-Augen-Koordination.

Die Herausforderung

> Ich habe Schlafprobleme, seit ich denken kann. Ich konnte noch nie vor zwei Uhr morgens einschlafen. Selbst wenn ich abends früher ins Bett gehe, kann ich nicht einschlafen. Meine Gedanken springen von einer Sache zur nächsten. Das ist für mich ein Riesenproblem, weil ich das College besuche, und manchmal habe ich um acht Uhr morgens Unterricht. Normalerweise schaffe ich es, rechtzeitig aufzuwachen, aber ich bin dann den ganzen Tag über müde.
> Ich habe Schwierigkeiten, meinen Alltag zu planen und zu organisieren, und achte zu wenig auf mein eigenes Wohlbefinden. Ich weiß, dass ich eigentlich mehr Schlaf bräuchte, aber ich weiß einfach nicht, wie ich es anstellen könnte, früher müde zu werden.
>
> *Sam*

Die Erklärung

Ernährung, Fitness und Schlaf sind oft wichtige Themen für diejenigen, die sich um das Wohlergehen eines Teenagers oder Erwachsenen mit AS sorgen; die Menschen mit AS machen sich allerdings selbst oft zu wenige Gedanken darüber. Das liegt nicht unbedingt daran, dass die Betroffenen die Vorteile einer gesunden Lebensweise nicht einsehen würden, sondern eher daran, dass sie vor allem Schwierigkeiten bei deren praktischer Umsetzung haben.

Überempfindlichkeit bezüglich Geruch und Berührung sowie das Bedürfnis nach Gleichförmigkeit der Umwelt führen häufig zu einer verminderten

Toleranz gegenüber einer gesunden Ernährungsweise, die variieren und möglichst viele unterschiedliche Nahrungsmittel umfassen sollte. Eine einseitige und begrenzte Ernährung kann jedoch zu einer Unterversorgung mit wichtigen Nährstoffen führen.

Eine Ernährung mit viel raffiniertem Zucker (z. B. in Form von Kuchen, Donuts oder Keksen) oder mit viel Fett (z. B. in Form von Pizza oder Fast Food) kann zu einer allgemeinen Lethargie führen, die auch die Motivation zu jedweder Betätigung beeinträchtigt. Hinzukommende motorische Schwierigkeiten behindern häufig zusätzlich sowohl den Wunsch, an Team-Sportarten teilzunehmen, als auch grundsätzlich das Bedürfnis nach sportlicher Bewegung.

Schlafmangel ist für viele Teenager und Erwachsene mit AS eine typische Erfahrung. Ein hoher Prozentsatz von Menschen mit AS hat Schwierigkeiten, abends einzuschlafen, morgens aufzuwachen und tagsüber wachzubleiben (Bruni, 2007). Man hat für diese Schlafprobleme noch keine spezifische Ursache gefunden, aber es wird vermutet, dass es mit den für AS typischen neurologischen Zusammenhängen und deren Auswirkung auf die Schlafzyklen zu tun hat.

Ernährung, Fitness und Schlaf hängen eng miteinander zusammen. Eine gute Ernährung ist Basis der Fitness, und Fitness verbessert den Schlaf. Alle drei Aspekte fördern die Gesundheit und beeinflussen das allgemeine Wohlbefinden positiv.

Die Lösung

Schritte hin zu einer gesunden Lebensführung

Sammeln Sie Fakten über Ihre derzeitigen Gewohnheiten und Verhaltensmuster bezüglich Ernährung, Fitness und Schlaf. Das erfordert eine genaue Beobachtung und sorgfältige Notizen. Notieren Sie eine Woche lang exakt Ihre Gewohnheiten. Schreiben Sie sich alles auf, was Sie essen und trinken, sowie die Gesamtminutenzahl, die Sie Ihren Fitnessaktivitäten widmen, einschließlich Spazierengehen, Hausarbeit, Treppensteigen und sportliche Betätigung. Zählen Sie alle nächtlichen Schlafstunden zusammen und teilen Sie diese Zahl durch die Anzahl der Nächte, dann erhalten Sie den Durchschnittswert Ihrer nächtlichen Schlafstunden innerhalb einer Woche. Verwenden Sie die Arbeitsbögen „Schritte zu einer gesunden Lebensweise“ im Anhang „Arbeitsbögen“, um Ihre Verhaltensweisen aufzuzeichnen.

Menschen mit AS haben häufig zusätzliche medizinische Probleme. Daher sollten Sie sich zuerst von Ihrem Arzt oder einem medizinischen Fachmann beraten lassen, bevor Sie beginnen, die Vorschläge dieses Kapitels praktisch umzusetzen. Nach Aufzeichnung Ihrer Verhaltensweisen schauen Sie sich jede Kategorie einzeln und genau an.

Ernährung
In Anbetracht dessen, was Sie nun zum Thema gesunde Ernährungsweise wissen, bewerten Sie Ihre derzeitigen Essgewohnheiten: 1 für „sehr gut", 2 für „mittelmäßig" und 3 für „schlecht". Wenn Sie die zweite oder dritte Bewertung gewählt haben, sollten Sie über eine Veränderung nachdenken.

Beginnen Sie die Veränderung Ihrer Essgewohnheiten, indem Sie ein Nahrungsmittel, das viel raffinierten Zucker oder Fett enthält, aus Ihrer Liste streichen und dafür ein Nahrungsmittel aus der Kategorie Getreide, Obst, Gemüse oder Milchprodukte verstärkt zu sich nehmen. Fahren Sie damit fort, gesunde Nahrungsmittel hinzuzufügen und ungesunde zu streichen, bis Sie das Gefühl haben, dass Ihre Ernährung ausgewogen ist.

Fitness
In Anbetracht dessen, was Sie nun zum Thema Fitness wissen, bewerten Sie das Ausmaß Ihrer derzeitigen körperlichen Aktivitäten: 1 für „sehr gut", 2 für „mittelmäßig" und 3 für „schlecht". Wenn Sie die zweite oder dritte Bewertung gewählt haben, sollten Sie über eine Veränderung nachdenken.

Beginnen Sie damit, Ihre sportlichen Aktivitäten an einem Tag pro Woche auf 30 Minuten zu erhöhen. Versuchen Sie nun, jedem Tag weitere Aktivitäten hinzuzufügen, bis Sie sich schließlich jeden Tag 30 Minuten lang aktiv sportlich betätigen und so Ihre Fitness erhöhen. Sie könnten:

- zur Schule oder zum Arbeitsplatz laufen oder mit dem Rad fahren;
- mehr körperliche Hausarbeit ausführen;
- im Garten arbeiten oder den Rasen mähen;
- die Treppe anstatt den Fahrstuhl nehmen;
- mehr Zeit für sportliche Betätigung einplanen;
- ein Fitnessstudio besuchen;
- während der Mittagspause in der Schule oder auf der Arbeit spazieren gehen;
- eine Haltestelle früher aus dem Bus oder aus der U-Bahn aussteigen und die restliche Strecke nach Hause laufen;
- jemanden bitten, mit Ihnen spazieren zu gehen;
- mithilfe einer DVD oder eines Computerprogrammes Fitnessübungen machen;
- den Hund ausführen;
- schwimmen gehen.

Schlaf

In Anbetracht dessen, was Sie nun zum Thema Schlaf wissen, bewerten Sie Ihre derzeitigen Schlafgewohnheiten: 1 für „sehr gut“, 2 für „mittelmäßig“ und 3 für „schlecht“. Wenn Sie die zweite oder dritte Bewertung gewählt haben, sollten Sie über eine Veränderung nachdenken. Stellen Sie sich einen sorgfältig durchdachten Plan mit Regeln auf, die gesunde Schlafgewohnheiten unterstützen.

1. Finden Sie die ideale Anzahl an Schlafstunden heraus, die Sie benötigen, um ein optimales Leistungsvermögen zu erzielen.
2. Ermitteln Sie den Zeitpunkt, an dem Sie jeden Tag aufstehen müssen, und dann zählen Sie von diesem Punkt aus die Stunden, die Sie an Schlaf benötigen, rückwärts.
3. Halten Sie die so errechnete Zeit als Ihre offizielle „Zubettgehzeit“ fest.
4. Stellen Sie sich eigene Regeln bezüglich Schlaf, Zubettgehzeit und Schlafzimmer auf. Um eine beruhigende Atmosphäre zu schaffen, die auf den Schlaf vorbereitet, könnten Sie beispielsweise vor dem Einschlafen noch ein paar Seiten lesen, bequeme Kleidung anziehen und alle technischen Geräte ausschalten. Das Bett ist zum Schlafen da, nicht um darin zu essen, zu rauchen, den Computer zu bedienen, Musik zu hören oder fernzusehen. Auch sollten Sie nicht direkt vor Ihrer Zubettgehzeit Fitnessübungen machen oder duschen, es sei denn, Sie wissen, dass Sie davon müde werden. Nehmen Sie nun keine koffeinhaltigen Getränke mehr zu sich und beschränken Sie den Alkoholgenuss auf ein Minimum. Seien Sie zu Ihrer festgelegten Zeit auch wirklich im Bett und schalten Sie dann das Licht aus, um eine effektive Zubettgeh-Routine zu schaffen.
5. Wenn Ihre Gedanken von einer Sache zur nächsten rasen, meditieren oder führen Sie eine Entspannungsmethode durch oder versuchen Sie im Geist ein beruhigendes Gedicht zu wiederholen. Manchmal kann es beruhigend wirken, sanft vor und zurück zu schaukeln.
6. Bleiben Sie bis zur Aufstehzeit im Bett. Wenn Sie aufstehen müssen, um zur Toilette zu gehen, sollte das Ihre Ruhe so wenig wie möglich stören. Vielleicht können Sie ein Nachtlicht im Badezimmer installieren, damit Sie kein grelles Licht einschalten müssen.
7. Seien Sie am Tag aktiv und ernähren Sie sich gesund. Das fördert einen guten Schlaf.

Psychische Gesundheit

Wenn man psychisch gesund ist, kann man sein eigenes Potenzial verwirklichen, die typischen Stressoren des Lebens bewältigen, produktiv arbeiten und einen positiven Beitrag zur Gemeinschaft leisten. Persönliches Wohlbefinden basiert auf Zufriedenheit, Selbstvertrauen und einer positiven Lebensperspektive.

Sie erkennen Ihr Potenzial, wenn Sie Ihre Fähigkeiten, Fertigkeiten, Talente, Stärken und Schwächen genau einschätzen. Dabei handelt es sich nicht um etwas, was Sie bereits erreicht haben, sondern um etwas, was Sie realistisch gesehen erreichen könnten. Um die typischen Stressoren, die im Leben auftauchen, zu bewältigen, muss man in der Lage sein, sich Herausforderungen zu stellen und Lösungen für Probleme zu finden. Produktives Arbeiten bedeutet, die Tätigkeit herauszufinden, für die Sie sich am besten eignen, sich die nötigen Qualifikationen für diese Arbeit anzueignen und sich eine Umgebung zu schaffen, in der produktives Arbeiten möglich ist. Einen Beitrag zur Gemeinschaft leistet, wer etwas für andere tut. Es hat mit Ihrer Rolle, Ihr Umfeld zu verbessern, zu tun. Das kann sowohl durch bestimmte Tätigkeiten oder materielle Geschenke als auch durch die Erkenntnis, dass die Welt zu einem besseren Ort wird, wenn Sie ein aufrichtiges Leben führen, geschehen.

Seelisch gesund zu bleiben oder zu werden kann sehr schwierig sein. Die psychische Gesundheit kann durch Stress, psychische Erkrankungen und Behinderungen gestört werden. Stress kommt auf der körperlichen Ebene vor, ausgelöst durch eine Krankheit oder Verletzung, wie auch auf der emotionalen, durch Verlust oder Sorgen um die eigene Sicherheit oder um die finanzielle Situation, durch Herausforderungen in der Schule oder am Arbeitsplatz, soziale Probleme und Einsamkeit. Chronischer Stress kann zu gesundheitlichen Problemen und zu Gefühlen der Einsamkeit und Isolation führen.

Psychische Erkrankungen sind Störungen, die ein normales Verhalten beeinträchtigen und das Alltagsleben erschweren können. Es gibt viele verschiedene, aber Angststörungen und Depressionen sind die am weitesten verbreiteten. Bei einer Angstneurose macht man sich übermäßig Sorgen, ist angespannt und hat immer das Gefühl, dass Unheil droht und etwas Schlimmes passieren wird. Das kann sich auch durch körperliche Symptome wie Herzklopfen, Schwitzen, Zittern, Müdigkeit, Kopfschmerzen, Muskelverspannungen, Übelkeit und Schluckbeschwerden bemerkbar machen.

Eine Depression äußert sich durch beharrliche Gefühle von Traurigkeit, Antriebshemmung, Pessimismus, eigener Wertlosigkeit und Hoffnungslosigkeit, die länger als nur ein paar Tage anhalten. Bei einer Depression kann man sogar das Interesse an seinen Lieblingsbeschäftigungen verlieren sowie jegliches Interesse an anderen und sich selbst. Ab und an solche Gefühle sind ziemlich normal. Wenn man sich jedoch über mehrere Wochen und massiv, das Leben tiefgreifend beeinträchtigend, traurig und gehemmt fühlt, kann das auf eine klinische Depression hindeuten.

Die Herausforderungen, die das Leben mit einer Behinderung bereit hält, können ebenfalls die psychische Gesundheit beeinträchtigen. Für einen Teenager oder Erwachsenen mit AS können soziale und kommunikative Probleme zu chronischer Frustration, Isolation, Abhängigkeit, Arbeitslosigkeit oder Unterbeschäftigung führen, die das allgemeine Wohlbefinden einschließlich der psychischen Gesundheit untergraben.

Die Herausforderung

> Ich bin 28 Jahre alt und habe keinerlei Hoffnung für meine Zukunft. Ich habe mein Bestes gegeben, um im Leben voranzukommen. Ich war in der Highschool ein ziemlich guter Schüler und habe einen College-Abschluss gemacht. Ich arbeite von zu Hause aus als freiberuflicher Autor, und das ist gut so, denn ich habe keine Energie mehr, mit Menschen zu tun zu haben. Ich hatte schon immer Schwierigkeiten im Umgang mit anderen Menschen, aber zurzeit ist es besonders schwierig für mich. Ich habe einige Aufträge von Zeitschriften, aber ich finde es schwierig, die Energie aufzubringen, um meine Abgabetermine einzuhalten. Es besteht das Risiko, mindestens einen dieser Aufträge zu verlieren. Ich hatte schon immer die Tendenz, ein wenig depressiv zu sein, aber im Moment ist es so schlimm wie noch nie. Ich kann keine einzelne Ursache für meine Traurigkeit ausmachen, ich fühle mich einfach traurig.
>
> *Marcus*

PS: Markus ist ein talentierter und kompetenter Mensch. Er leidet an Depressionen. Viele Jahre lang verlief seine Entwicklung wie die eines typischen Teenagers und jungen Erwachsenen; nach der Highschool und dem Studium an einem College fand er den Einstieg in die Arbeitswelt. Zurzeit hat er wegen seiner Depressionen Schwierigkeiten, seine Arbeit auszuführen und seine Selbstständigkeit aufrechtzuerhalten. Er fühlt sich müde, traurig und hat keine Hoffnung mehr. Er ist nicht mehr in der Lage, die nötige Energie für seine Aufträge als Autor aufzubringen; eine Arbeit, die er früher sehr mochte. Sein Job ist in Gefahr, und er benötigt Hilfe.

Die Erklärung

Menschen, die mit dem Asperger-Syndrom leben, sind psychischen Problemen wie Ängsten und Depressionen gegenüber besonders empfänglich, insbesondere ältere Teenager und junge Erwachsene (Tantam & Prestwood, 1999). Depressionen sind unter Menschen mit AS weit verbreitet; ungefähr einer von 15 Personen mit AS leidet darunter (Tantam, 1991). Grandin berichtet in dem Video *Visual Thinking of a Person with Autism* (1999), dass Angst das vorherrschende Gefühl bei Erwachsenen mit Autismus ist.

Angstgefühle sind weit verbreitete Probleme unter Menschen mit Autismus und Asperger-Syndrom. Muris, Steerneman, Merekelbach, Holdrinet und Meesters (1998) fanden heraus, dass 84,1 Prozent aller Kinder mit einer tief greifenden Entwicklungsstörung (engl.: *pervasive developmental disorder = PDD)* den kompletten Kriterien von mindestens einer Form von Angststörung entsprachen. Menschen mit AS tendieren zu Angstgefühlen aufgrund der konstanten sozialen Anforderungen ihrer Umgebung.

Depressionen bei Teenagern und Erwachsenen mit AS haben möglicherweise auch damit zu tun, dass sich die Betroffenen in hohem Maße ihrer Behinderung bewusst sind und die Auswirkungen, die eine Behinderung auf den sozialen Status hat, erleben: Isolation, Einsamkeit, Verlust, ein konstantes Gefühl des Versagens, übermäßige Ängstlichkeit, Abhängigkeit, erlebte Erfahrungen des Gehänseltwerdens, Unterbeschäftigung und Arbeitslosigkeit. Marcus ist in einem Alter, in dem er beginnt, die Auswirkungen von AS auf sein Leben zu untersuchen.

Es ist nicht klar, ob er wegen seiner Lebensumstände depressiv wurde oder ob er genetisch bedingt eine Veranlagung zu Depressionen hat. Jetzt machen ihm die Depressionen jedenfalls das Leben besonders schwer, da sie seine Arbeitsfähigkeit und das Einhalten seiner Abgabetermine beeinträchtigen. Unabhängig von den genauen Ursachen seiner Depressionen steht fest, dass Marcus Hilfe braucht.

Wissen sollte man, dass Menschen mit AS auch an anderen psychischen Störungen leiden können, einschließlich Zwangsstörungen, Aufmerksamkeitsdefizit-/Hyperaktivitätsstörung (ADHS) und starken Stimmungsschwankungen.

Die Lösung

In der psychischen Gesundheitsfürsorge unterscheiden sich Teenager und Erwachsene mit AS nicht wesentlich von neurotypischen Menschen. Der einzige wichtige Unterschied besteht darin, dass für einen Menschen mit AS die Wahrscheinlichkeit höher ist, dass er in seinem Leben an einer Angststörung oder Depression erkrankt.

Eine gute seelische Gesundheitsfürsorge beginnt mit einer guten Diagnose. Wenn Sie das Gefühl haben, dass Sie an einer psychischen Krankheit leiden, ist es sehr wichtig, dass Sie dies von einem Fachmann, der auf AS und psychische Krankheiten spezialisiert ist, austesten lassen. Bei Ihrer Suche nach einer geeigneten Person sollten Sie herausfinden, ob diese Person auch wirklich über AS Bescheid weiß und Erfahrung beim Bewerten und Diagnostizieren von Teenagern und Erwachsenen mit dieser Störung hat.

Es gibt verschiedene Möglichkeiten, einen entsprechenden Facharzt in Ihrer Nähe zu finden: Sie können sich z. B. von Ihrem Arzt eine Überweisung zu einem ihm bekannten Facharzt ausstellen lassen, eine örtliche Autismus-Organisation oder die aufgeführten Verbände im Anhang (siehe unter Adressen) kontaktieren und um eine Liste mit Namen und Adressen bitten, Kontakt mit der Ärztekammer Ihres Bundeslandes aufnehmen oder mit anderen Fachleuten sprechen, die sich mit Autismus-Spektrum-Störungen auskennen. Danach können Sie folgendermaßen vorgehen:

1. Günstig ist es, wenn Sie sich vor Ihrem ersten Telefonanruf eine Liste oder ein Drehbuch vorbereiten, das alle wichtigen Informationen, die Sie für dieses erste Gespräch benötigen, enthält: Ihren Namen und Ihr Alter, eine Beschreibung Ihrer Probleme, Ihre Krankenversicherung, Ihr Terminwunsch und die Frage, was Sie bei Ihrem ersten Termin mitbringen müssen. Wenn Sie wünschen, dass Sie jemand zu Ihrem Termin begleitet, finden Sie zuerst heraus, wann diese Person Zeit hat, bevor Sie sich einen Termin geben lassen.
2. Wenn Sie bei Ihrem Telefongespräch einen Termin in ferner Zukunft erhalten, können Sie darum bitten, auf die Warteliste gesetzt zu werden, für den Fall, dass ein früherer Termin frei wird, den Sie unter Umständen übernehmen können. Falls Sie sich in einem kritischen Zustand befinden, ist es das Beste, sich direkt in eine Notfallambulanz oder ein Krisenzentrum des örtlichen Krankenhauses zu begeben.
3. Nachdem Sie den Termin erhalten haben, notieren Sie sich das Datum und die Uhrzeit sowie die Dinge, die Sie mitbringen müssen.
4. Für den Fall, dass Sie mit einer psychischen Störung diagnostiziert werden, gibt es verschiedene Behandlungsangebote sowie Kombinationen aus verschiedenen Behandlungsformen:
   - In einer Therapie arbeiten Sie mit einer erfahrenen Person zusammen, die Ihre spezifischen Probleme versteht und Ihnen Unterstützung, Beratung, Anleitung und Ermutigung anbietet.
   - In Selbsthilfegruppen trifft man auf andere Menschen, die das gleiche oder ein ähnliches Problem haben wie man selbst. Die Teilnehmer einer Gruppe unterstützen sich gegenseitig durch Ratschläge, Anleitung und Ermutigung.
   - Medikamente dürfen nur von einem Arzt verschrieben werden und können bei der Behandlung von Angststörungen, Depressionen, ADHD und starken Stimmungsschwankungen hilfreich sein.
   - Die Möglichkeit der geistlichen Unterstützung bietet einem gläubigen Menschen Beratung, Anleitung und Ermutigung.

Gesundheitsfürsorge

Gesundheitsfürsorge umfasst die Prävention und Behandlung von Krankheiten und den Umgang mit Krankheit. Eine gute Gesundheitsfürsorge ist wichtig für das allgemeine Wohlbefinden. Die beste Prävention von Krankheiten erreicht man durch eine gesunde Lebensweise und durch Vermeidung von riskantem und gesundheitsschädlichem Verhalten. Außerdem sollte man regelmäßig zu Vorsorge- und Kontrolluntersuchungen bei Ärzten und Zahnärzten gehen, damit etwaige Krankheiten bereits früh erkannt werden können.

Zu einer gesunden Lebensweise gehören eine ausgewogene Ernährung, genügend körperliche Aktivitäten und ein gesunder Schlaf. Außerdem sollte man sich mit den Themen Stressbewältigung und Gewichtsreduktion aktiv auseinandersetzen. Ebenso trägt zu einer gesunden Lebensführung eine gute Körperpflege und -hygiene bei in Form von wie regelmäßigem Händewaschen, Zähneputzen, Duschen oder Baden, dazu gehört auch die Sauberkeit in der eigenen Wohnung. Wie eine gute Lebensweise genau aussieht, ist eine sehr persönliche Angelegenheit und hängt vom Einzelnen ab. Beratungen, wie man ein gesundes Körpergewicht erreicht, erhalten sie bei Ihrer Krankenkasse.

Riskantes Verhalten, das erwiesenermaßen die Gesundheit von Teenagern und Erwachsenen gefährdet, ist z. B.: sich beim Fahren oder Mitfahren in einem Auto nicht anzuschnallen, keinen Helm beim Fahrrad- oder Motorradfahren zu tragen, beim Fahren zu telefonieren oder eine SMS zu schreiben, übermäßiger Zigaretten-, Drogen- und Alkoholkonsum sowie das Fahren im betrunkenen Zustand. Weiter können dazu gehören: ungeschützter Geschlechtsverkehr, übermäßiges einseitiges Essen, bei Konflikten auf gewaltsame oder aggressive Methoden zurückzugreifen, anstatt durch Gespräche zu einer Lösung zu finden sowie sich mit Bekanntschaften aus dem Internet zu treffen, ohne sie vorher eingehend überprüft zu haben.

Für die Prävention und Früherkennung von Krankheiten ist es wichtig, regelmäßig die Angebote von Vorsorge- und Kontrolluntersuchungen wahrzunehmen, die von den Krankenkassen einschließlich Ärzten und Zahnärzten angeboten werden.

Teenager sollten sich gemäß den Vorgaben ihrer Ärzte impfen lassen. Routineuntersuchungen während der Jugendzeit ermöglichen es dem Jugendlichen, den Eltern und dem behandelnden Arzt, Fragen zur Gesundheit zu besprechen, die manchmal während der Pubertät auftauchen, wie z. B. Übergewicht, Geschlechtsverkehr, Geschlechtskrankheiten und Stress. Eine typische ärztliche Untersuchung eines Jugendlichen sieht normalerweise folgendermaßen aus:

- Bestimmung von Körpergröße und Körpergewicht sowie des Blutdrucks;
- eventuell wird ein Blutbild erstellt, um die allgemeine Gesundheit zu überprüfen;

- junge Männer werden auf Hernien und Hodenkrebs hin untersucht;
- bei jungen Frauen erfolgt eventuell eine gynäkologische Untersuchung einschließlich Abstrich, um sie auf Gebärmutterhalskrebs und Chlamydien hin zu untersuchen, und sie werden angeleitet, selbst eine monatliche Brustuntersuchung durchzuführen. Das erfolgt im Allgemeinen ab 16 Jahren bzw. früher, wenn die betreffende Person bereits Geschlechtsverkehr hat.
- Eine allgemeine Untersuchung der Ohren, Augen, des Halses und der Drüsen;
- Impfungen werden überprüft und bei Bedarf aufgefrischt;
- die Seh- und Hörfähigkeit wird überprüft;
- es wird untersucht, ob orale Gesundheitsprobleme vorliegen; die Zähne werden auf Karies, abnorme Entwicklungen und Beschädigungen hin untersucht;
- es werden Fragen zu potenziell gesundheitsschädlichen Verhaltensweisen sowie soziale und emotionale Probleme geklärt.

Zu Routineuntersuchungen bei erwachsenen Frauen gehören das Bestimmen des Körpergewichts, die routinemäßige körperliche Untersuchung, Impfungen, Untersuchungen auf Bluthochdruck, Diabetes, Anämie, Nierenkrankheiten, ein Blutbild, Brustkrebs- und Gebärmutterhalskrebs-Screening und die Untersuchung auf Geschlechtskrankheiten. Gynäkologische Untersuchungen sind auch für Frauen wichtig, die keinen Geschlechtsverkehr haben.

Zu Routineuntersuchungen bei erwachsenen Männern gehören das Bestimmen des Körpergewichts, die routinemäßige körperliche Untersuchung, Untersuchung der Hoden, Impfungen, ein Blutbild, Untersuchungen auf Bluthochdruck, Diabetes und Geschlechtskrankheiten sowie Hodenkrebs- und Darmkrebs-Screening.

Zahnärztliche Kontrolluntersuchungen sind ebenfalls Teil der essenziellen Vorsorge- und Früherkennungsuntersuchungen für Teenager und Erwachsene. Regelmäßige jährliche zahnärztliche Kontrolluntersuchungen verhindern Zahnverfall und Zahnfleischerkrankungen. Wichtig sind eine regelmäßige professionelle Zahnreinigung und die frühzeitige Behandlung von Karies. Der Zahnarzt erklärt dem Patienten, wie eine gute Zahnpflege aussieht, wie er sich regelmäßig die Zähne putzen soll und Zahnseide verwendet. Eine gute Zahnhygiene fördert die allgemeine Gesundheit und hilft Teenagern und Erwachsenen, Selbstvertrauen aufzubauen.

Verantwortungsvoller Umgang mit Krankheiten bedeutet, dass man bei körperlichen Problemen einen Arzt aufsucht und sich strikt an die empfohlenen Behandlungsmaßnahmen hält. Wenn man beispielsweise im Falle einer Infektion ein Antibiotikum nehmen muss, nimmt man es die genau vorgegebene Zeitdauer ein, nicht länger und nicht kürzer; oder man hält sich z. B. genau an die vorgegebenen Ernährungsrichtlinien, wenn eine Diabetes diagnostiziert wurde.

Die Herausforderung

> Wer lange lebt, wird auch zwangsläufig krank. So ist es mir passiert. Ich bin 58 und wurde vor Kurzem mit Typ-2-Diabetes diagnostiziert. Ich wusste, dass das früher oder später passieren würde, da diese Krankheit in meiner Familie erblich bedingt auftritt. Ich hatte das Glück, dass in meinem bisherigen Leben mein Autismus das einzige größere Problem war. Nun erfahre ich also, dass mein Körper nicht genug Insulin produziert. Der Körper benötigt Insulin, um Zucker in nützliche Energie umzuwandeln. Leider musste ich sofort nach der Diagnosestellung mit Insulinspritzen beginnen. Ich hatte immer schon Angst vor Ärzten und habe mich vor regelmäßigen Kontrolluntersuchungen gedrückt. Ich habe auch schlecht auf mein Gewicht geachtet. Ich habe Übergewicht. Ich hätte vielleicht verhindern können, gleich Insulinspritzen zu bekommen, wenn ich schon früher einen Arzt aufgesucht hätte – aber vielleicht auch nicht. Nun befinde ich mich in einem großen Dilemma, weil ich Spritzen hasse, aber ich muss jetzt jeden Tag meine Zuckerwerte überprüfen und mir selbst Spritzen geben. Ein weiteres Problem ist, dass meine frühere Ernährung fast vollständig aus ungesunden Kohlenhydraten bestanden hat. Naja, im Prinzip sind es sehr leckere Kohlenhydrate, aber sie sind eben schlecht für mich. Ich liebe Brot, Pasta, Reis und Frühstücksflakes. Jetzt soll ich Obst, Gemüse und Bohnen essen. Ich komme inzwischen mit den Spritzen besser klar, aber mit dem Essen habe ich große Schwierigkeiten. Bis jetzt bin ich bei meiner Nahrungsumstellung noch nicht sehr erfolgreich gewesen.
>
> *Marvin*

Die Erklärung

Wichtig für eine gute Gesundheit ist die sorgfältige medizinische Behandlung von Erkrankungen. Das ist besonders wichtig bei chronischen Krankheiten wie Diabetes, die man zwar dank gewissenhafter Behandlungsmaßnahmen gut in den Griff bekommt, die jedoch bei mangelnder Sorgfalt den Körper sehr schädigt. Marvin hat das Glück, Zugang zu einer guten Gesundheitsfürsorge zu haben, dass seine Diabetes diagnostiziert wurde und er Informationen, medizinische Hilfsmittel und Medikamente erhält, um seine Krankheit zu behandeln. Nun ist er zwar im Besitz der nötigen Informationen, um seine Gesundheit zu verbessern, sein Problem ist jedoch seine Unfähigkeit, seine Essgewohnheiten zu verändern. Es ist nicht bekannt, ob die Auswahl seiner Nahrungsmittel auf sinnlichen Aspekten oder einfach auf jahrelanger Gewohnheit basiert, aber das ist auch gar nicht wichtig. Wichtig ist, dass er eine Lösung finden muss, ansonsten riskiert er zukünftig ernsthafte Gesundheitsprobleme.

Eine gute Gesundheitsfürsorge stellt an alle Menschen die gleichen Anforderungen. Sie erfordert präventive Maßnahmen, das Vermeiden von Risiken, regelmäßige Vorsorge- und Früherkennungsuntersuchungen und eine sorgfältige Behandlung im Falle einer Krankheit. Leider gibt es für Teenager und Erwachsene mit AS Hindernisse auf diesem Weg, als da sind Informationslücken, schlechte Organisationsfähigkeit, fehlende finanzielle Mittel, die generelle Angst vor Arzt- oder Zahnarztbesuchen sowie Kommunikationsschwierigkeiten. Alle diese Faktoren erschweren es dem Teenager oder Erwachsenen mit AS, einen Termin zu vereinbaren und diesen einzuhalten sowie die eigenen Bedürfnisse mitzuteilen.

Die Lösung

Sie können das Problem der eigenen Prävention vielleicht lösen, in dem Sie Informationen über präventive Maßnahmen und über die Wichtigkeit von Routineuntersuchungen sammeln, riskantes und gesundheitsschädliches Verhalten vermeiden, sich vorsorglich um Geldmittel kümmern, bevor ein Notfall eintritt, ein System entwickeln, um die Behandlungsunterlagen, Termine, Kontakte und Hilfsmittel zu ordnen, ein Unterstützungssystem kreieren, das Ihnen hilft, sich auf die eigene Gesundheit zu konzentrieren, und ein System entwickeln, um mit den Leistungserbringern der Gesundheitsversorgung effektiv zu kommunizieren.

- ➢ Informationen erhält man in Zeitschriften und Broschüren über Prävention, auf entsprechenden Internetseiten, von den Krankenkassen und von den Leistungserbringern der Gesundheitsversorgung.
- ➢ Wenn Sie rauchen, sollten Sie darüber nachdenken aufzuhören. Es gibt Raucherentwöhnungsprogramme, die Ihre Krankenkasse anbietet. Wenn Sie das Gefühl haben, dass Sie zu viel Alkohol trinken, lassen Sie sich professionell testen. Vielleicht sind Sie in ungesunde Verhaltensmuster gerutscht. Wenn Sie riskante sexuelle Verhaltensweisen praktizieren, schützen Sie sich. Wenn Sie sich im Auto bisher nicht anschnallen, fangen Sie damit an, vielleicht müssen Sie den Anschnallgurt nur in ein weiches

Handtuch wickeln, damit Sie ihn angenehmer finden. Wenn Sie einen gefährlichen Sport ohne Schutzausrüstung treiben, dann ändern Sie Ihr Verhalten und legen sie ab heute an. Denken Sie immer daran: Sie sind es sich wert!

- Finanzielle Mittel können bei gesetzlichen oder privaten Krankenversicherungen oder bei entsprechenden Behörden beantragt werden.
- Zu einem System, um Ihre Angelegenheiten zu ordnen, könnte Folgendes gehören: ein Ordner für die Behandlungsunterlagen, ein Tagebuch, ein Notizbuch, ein Kalender oder elektronischer persönlicher digitaler Assistent (PDA) für das Vormerken von Terminen und das Speichern der Kontaktinformationen von Krankenkassen und Ansprechpartnern, einschließlich Name, E-Mail und Anschrift.
- Der Zweck eines Unterstützungssystem ist es, Ihnen durch Ermutigung dabei zu helfen, den Behandlungsplan einzuhalten und Ihre Disziplin und Entschlossenheit zu stärken. Ein Unterstützungssystem kann z. B. ein Familienmitglied, einen Freund, einen Kollegen oder einen Leistungserbringer der Gesundheitsversorgung einschließen.
- Die Kommunikation mit Ihrer Krankenkasse oder Ihren Ärzten gestalten Sie am besten, wenn Sie eine Art Tagebuch über Ihre allgemeine Gesundheit und Ihre Gewohnheiten führen. Wann immer Sie eine neue Beobachtung machen oder eine Frage haben, schreiben Sie diese in Ihr Tagebuch. Nehmen Sie das Tagebuch mit zu Ihrem Termin, damit Sie genaue und detaillierte Auskünfte geben können. Ohne schriftliche Unterstützung wird man in der Arzt- oder Zahnarztpraxis manchmal nervös und vergisst dann wichtige Mitteilungen und Fragen. Wenn Sie dazu tendieren, viele Notizen zu machen, überfliegen Sie vor dem Termin noch einmal Ihr Tagebuch und markieren Sie sich die wichtigsten Informationen, die Sie mitteilen möchten. Ärzte sind meistens sehr beschäftigt, also müssen Sie Ihre Sorgen, Beobachtungen und Fragen beim Termin zusammenfassen.

4. Wohnen und Haushalt

Dieses Kapitel beschäftigt sich mit den sozialen Kompetenzen, die für ein selbstständiges Leben erforderlich sind. Die spezifischen Themen sind Wohnen bei Eltern und Familie, betreutes Wohnen und selbstständiges Wohnen, Selbstfürsorge, Haushaltsführung sowie Haushalten und Kostenplanung. Jedes Thema wird definiert und erläutert. Persönliche Geschichten beschreiben die Schwierigkeiten und besonderen Herausforderungen, mit denen Teenager und Erwachsene, die mit AS leben, in Bezug auf die Wohnsituation konfrontiert sind. Praktische Lösungswege werden aufgezeigt, die schrittweise und leicht nachvollziehbar sind.

Im Elternhaus wohnen, betreutes Wohnen und selbstständiges Wohnen

Für junge Erwachsene ist es normal, irgendwann das Elternhaus zu verlassen und ein eigenes Zuhause zu gründen. Aber vergessen Sie nicht, hinsichtlich der Wohnsituation gibt es keine Universallösung, und nicht jeder entscheidet sich dafür, sein Elternhaus zu verlassen. Den Personen, die eine Veränderung ihrer Lebens- und Wohnsituation wünschen, bieten sich verschiedene Möglichkeiten.

Erwachsene Menschen können auf der Basis ihrer Präferenz, ihrer Selbstfürsorgefähigkeiten und finanziellen Mittel entscheiden, wie sie leben möchten. Lebensoptionen können sein:

- in einer Wohnung oder einem Haus zur Miete wohnen;
- in einer Wohnung oder einem Haus als Eigentümer leben;
- in einer Wohngemeinschaft leben;
- betreutes Einzelwohnen;
- betreute Wohn- oder sozialtherapeutische Dorfgemeinschaft
- mit Familienangehörigen zusammenleben.

Eine Wohnung oder ein Haus mietet man direkt vom Eigentümer oder von einer Wohnungsbaugesellschaft. Als Mieter ist man dafür verantwortlich, die monatliche Miete sowie die Nebenkosten zu zahlen. Ein Mieter muss normalerweise keine Grundsteuer bezahlen. Im Allgemeinen wird bei Abschluss des Mietvertrages eine Kaution von einer bis zu drei Monatsmieten sowie die erste Miete im Voraus verlangt. Manchmal mieten sich mehrere Personen zusammen eine Wohnung oder ein Haus, um die Kosten für den Einzelnen zu reduzieren.

Ein Mieter ist für Folgendes verantwortlich:

- die Miete, die Nebenkosten und eventuell extra die Wasser-, Heizungs- und Stromkosten pünktlich zu zahlen;
- eventuelle Probleme oder Schäden sofort zu melden bzw. kleinere Schäden selber zu beheben;
- Lärm und Geräusche auf ein angemessenes Maß zu beschränken;
- die Wohnung oder das Grundstück zu pflegen und sauber zu halten;
- zu verhindern, dass in der Wohnung oder im Haus illegale Aktivitäten stattfinden.

Als Mieter sollte man wissen, welche Gründe zu einer Kündigung des Wohnraums führen können, zum Beispiel wenn man die Miete nicht regelmäßig zahlt, wenn man fremdes Eigentum beschädigt oder zulässt, dass eine andere Person es beschädigt, wenn man die Nachbarn durch Lärm belästigt oder wenn man sich mit den Nachbarn oder dem Besitzer in grobe Streitereien verwickelt.

Bei entsprechendem finanziellem Polster kann es eine gute Idee sein, sich eine Eigentumswohnung oder ein Haus zu kaufen. Dafür sollte der der Käufer aber ein regelmäßiges Einkommen haben, das alle anfallenden Kosten deckt. Ein Wohnungs- oder Hauseigentümer muss für alle Kosten aufkommen, die durch den Betrieb am und durch das Haus oder die Wohnung entstehen, wie Steuern, Instandhaltungen oder auch Hypotheken sowie Wasser, Heizung, Strom und Grundsteuer.

Betreutes Einzelwohnen ermöglicht es einem Erwachsenen, mithilfe von unterstützenden Dienstleistungen, die im Allgemeinen von gemeinnützigen Organisationen angeboten werden, selbstständig zu leben. Die Unterstützung trägt dazu bei, dass ein Erwachsener mit Bedarf an besonderer Förderung erfolgreich sein Leben meistern kann. Das Dienstleistungsangebot beinhaltet z. B. Unterstützung im sozialen und finanziellen Bereich, Hilfe bei der Haushaltsführung, Pflegeangebote und emotionale Unterstützung.

Bei dem betreuten Wohnen in einer Wohngemeinschaft können mehrere Erwachsene (auch mit schweren Behinderungen) mit Unterstützung einer Rund-um-die-Uhr-Betreuung und verschiedenen Dienstleistungsangeboten in einem eigenen Zuhause wohnen.

Der Großteil aller Erwachsenen mit Autismus und AS in Deutschland lebt nicht mehr mit der Familie zusammen, sondern in anderen Einrichtungen, sei es in Heimen für geistig Behinderte, in sozialtherapeutischen Wohngemeinschaften oder in speziellen Dorfgemeinschaften. Mittlerweile gibt es Einrichtungen, die speziell auf die besonderen Bedürfnisse und Schwierigkeiten von Menschen mit Autismus abgestimmt sind. Geeignet sind betreute Wohngruppen oder Wohngemeinschaften, gemeinwesenintegrierte Wohnstätten und Wohnverbundsysteme (vgl. Bundesverband Hilfe für das autistische Kind, 2001, S. 26f.). Adressen der verschiedenen Wohnmöglichkeiten bekommen

Sie u. a. bei den Trägern der überörtlichen Sozialhilfe. Nur die wenigsten wohnen also noch bei Familienangehörigen oder allein in der eigenen Wohnung. In den USA ist es genau andersherum. Der Großteil aller Erwachsenen mit Autismus und AS lebt dort bei Familienangehörigen. Laut einer kürzlich in den Vereinigten Staaten veröffentlichten Studie leben nur 9 Prozent der Erwachsenen mit AS allein oder mit einem Ehepartner zusammen, 23 Prozent leben selbstständig mit Unterstützung, 2 Prozent in einer betreuten Wohngemeinschaft und 66 Prozent leben bei ihren Eltern (Geller & Cavanagh, 2005). Das Zusammenleben mit den Eltern bietet einen familiären Rahmen und sozialen Kontakt, ohne dass Kosten anfallen. Das Altern und Gebrechlichwerden der Eltern stellt jedoch später für viele ein besonderes Problem dar.

Die Herausforderung

> Ich lebe in einem Apartment in der Nähe meiner Highschool. Ich habe im Moment zwei Fächer belegt: Computerprogrammieren und Kommunikationssysteme. Ich wohne gern in meinem Apartment, weil ich machen kann, was ich will, z. B. mit meinem Freund John abhängen. John hat ein Apartment im dritten Stock desselben Gebäudes. Wir treffen uns zum Computerspielen, und manchmal gehen wir ins Kino. Mein Apartment ist klein, aber für eine Person gerade passend. Ich habe eine Sozialarbeiterin, die jede Woche vorbeikommt, um mich zu unterstützen. Wir beschäftigen uns dann mit Dingen wie Kochen und Haushaltsplanung. Sie hat mir schon beigebracht, mein Apartment sauberzumachen und meine Wäsche zu waschen, obwohl normalerweise meine Mutter meine Wäsche mit nach Hause nimmt und die saubere Kleidung wieder mitbringt. Ich finde es toll, meine eigene Wohnung zu haben, es ist echt cool!
>
> *Dustin*

Die Erklärung

In der modernen westlichen Gesellschaft gilt es als normal und wird sogar erwartet, dass ein junger Erwachsener irgendwann das Elternhaus verlässt und sich eine eigene Wohnung sucht. Für junge Erwachsene ist es kompliziert und kostenintensiv, in eine eigene Wohnung zu ziehen, aber die meisten lösen das Problem, indem sie mehrere Jobs annehmen oder einen Beruf erlernen, mit dem sie genügend verdienen, oder sie teilen sich eine Wohnung mit anderen, um die Kosten zu reduzieren. Viele junge Menschen heiraten. Wenn dann zwei Einkommen zur Verfügung stehen und die anfallenden Kosten geteilt werden können, wird es möglich, eine eigene Wohnung zu mieten. Für Menschen mit AS ist es nicht so leicht, als Erwachsene geeignete Wohnmöglichkeiten zu finden. Es gibt viele Hindernisse, die die Suche erschweren, z. B. der Mangel an erschwinglichen Wohnungen, Unterbeschäftigung und Arbeitslosigkeit.

In vielen großen Städten gibt es kaum günstigen Wohnraum. Menschen ohne Behinderung können sich die Kosten mit Mitbewohnern teilen oder in die weitere Umgebung ziehen, wo es eventuell bessere Mietangebote gibt. Für einen Menschen mit einer Behinderung ist es schwieriger, einen passenden Mitbewohner zu finden, und noch schwieriger, in eine andere Gegend zu ziehen, da man dann sein Unterstützungssystem zurücklässt. Das würde es erforderlich machen, mit dem Auto zu fahren, was jedoch je nach Stärke der Behinderung vielleicht gar nicht möglich ist.

Ein zu geringes Einkommen ist ein weiteres großes Problem, da Erwachsene mit AS meistens unterbeschäftigt sind. Unterbeschäftigung bedeutet, dass ein Mensch zwar angestellt ist, jedoch nicht zu den von ihm angestrebten Bedingungen hinsichtlich der Bezahlung, der Arbeitszeiten, des eigenen Erfahrungshintergrundes und der vorhandenen Fähigkeiten und Fertigkeiten. Laut einer kürzlich in den USA veröffentlichten Studie verdient ein Erwachsener mit einer Störung im autistischen Spektrum, der einen Hochschulabschluss besitzt, durchschnittlich 19.750 Dollar im Vergleich zu einem neurotypischen Menschen (NT), der im Durchschnitt 49.050 Dollar verdient. Die Statistiken sehen noch bedrückender aus für einen Teenager oder Erwachsenen mit AS, der nur einen Highschool-Abschluss besitzt. Er verdient durchschnittlich nur 1.267 Dollar im Vergleich zu 25.487 Dollar, die ein NT verdient (Geller & Cavanagh, 2005).

Arbeitslosigkeit ist ein weiteres großes Problem. In Großbritannien haben 6 Prozent der Erwachsenen mit Autismus-Spektrum-Störungen eine Vollzeitanstellung und nur 12 Prozent der Menschen mit AS (Barnard, Harvey, Prior & Potter, 2001). Die Statistiken in den anderen Ländern sind entsprechend.

Das Angebot an unterstützenden Maßnahmen für Teenager und Erwachsene mit AS ist in den USA begrenzt. Dustin hat das Glück, Teil einer Gemeinde zu sein, die für Erwachsene mit AS betreute Wohnmöglichkeiten zur Verfügung stellt. Er kann selbstständig in einem kleinen Apartment wohnen, das sich in einem Mietskomplex befindet, in dem noch weitere junge Erwachsene mit AS wohnen. Von seinem Apartment aus kann er die Highschool, Einkaufsmöglichkeiten, Restaurants und Freizeitangebote zu Fuß erreichen. Seine Mutter unterstützt ihn zwar weiterhin, hat jedoch nicht mehr die vollständige Verantwortung für sein Wohlergehen. Er kümmert sich nun mithilfe diverser Unterstützungsmaßnahmen um sich und sein Leben.

Die Lösung

Wohnarrangements sind individuell verschieden und hängen in großem Maße von den eigenen Präferenzen, Interessen, Fähigkeiten, Fertigkeiten und finanziellen Mitteln ab. Es ist wichtig, dass Sie die Wohnmöglichkeiten in Ihrem Umfeld sorgfältig recherchieren.

Entscheiden Sie, welche Wohnform für Sie am besten geeignet ist. Zur Unterstützung bei diesem Prozess füllen Sie den Fragebogen „Lebenssituation“ im Anhang „Arbeitsbögen“ aus. Dann können Sie einen Plan entwerfen, wie Sie ein möglichst selbstständiges Leben führen wollen. Ein selbstständiges Leben bedeutet, dass Sie sich um sich selbst und um Ihre Umgebung kümmern müssen. Es ist grundsätzlich möglich, in jeder Wohnform ein selbstständiges Leben zu führen. Es hängt von Ihrem Verhalten ab.

Egal, ob Sie mit Familienangehörigen, in einer Wohngemeinschaft oder allein leben, Sie müssen in jedem Fall zu Folgendem in der Lage sein:

- einen finanziellen Beitrag leisten, der entweder von Ihrem Gehalt oder von Ihrer staatlichen Unterstützung abgezogen wird;
- sich um sich selbst und um die Dinge, die Ihnen gehören, kümmern können;
- Aufgaben wie das Saubermachen und Instandhalten des Wohnraums leisten können;
- ein sozial angemessenes Benehmen zeigen, das auf Selbstrespekt und Respekt anderen gegenüber gegründet ist.

Suchen Sie in Ihrem Umfeld oder in Ihrer Gemeinde nach Unterstützung bei der Auswahl Ihrer Unterkunft, z. B. bei Sozialämtern, der Krankenkasse und gemeinnützigen Organisationen. Die Möglichkeiten sind in der Regel begrenzt, daher ist es gut, wenn die Eltern eines Teenagers mit AS diese Suche so früh wie möglich beginnen. Manchmal sind die Wartelisten für bestimmte Hilfsangebote sehr lang.

Selbstfürsorge

Selbstfürsorge bezieht sich im Allgemeinen auf die Fähigkeit einer Person, sich um ihre Gesundheit und ihr allgemeines Wohlbefinden, einschließlich Ernährung, Fitness, psychischer Gesundheit und Gesundheitspflege, zu kümmern.

Da diese Themen in anderen Kapiteln dieses Buches ausführlich behandelt werden, wird sich dieses Kapitel auf die Körperhygiene und die Pflege des äußeren Erscheinungsbildes konzentrieren. Diese Aspekte sind für eine gute Gesundheit und ein gesundes Selbstvertrauen wichtig.

Der Begriff Hygiene bezieht sich auf die Körperpflege und meint den eigenen Körper sauber zu halten mit duschen oder baden, Haare waschen, Hautpflege, Nagelpflege, Zahn- und Mundpflege sowie die Anwendung bestimmter Produkte, z. B. Deodorant, um die Bildung von Köperschweiß zu verhindern. Die Häufigkeit des Badens/Duschens und Haarewaschens hängt von den Erwartungen innerhalb eines bestimmten Kulturkreises ab. In manchen Kulturen sind die Menschen der Ansicht, dass man täglich baden oder duschen muss, während andere es ausreichend finden, einmal pro Woche zu baden oder zu duschen.

Die meisten Menschen stimmen darin überein, dass Krankheitserreger durch Berührung übertragen werden können, daher wird häufiges Händewaschen im Allgemeinen als eine grundsätzliche hygienische Maßnahme angesehen. Weiterhin wird erwartet, dass man seine Fingernägel sauber hält. Akne und andere wunde Hautstellen haben verschiedene Ursachen, aber sie werden alle durch Staphylokokken-Bakterien begünstigt. Diese Bakterien werden durch Berührung übertragen, daher sind häufiges Händewaschen und regelmäßige Nagelpflege wichtig, um den Körper sauber und gesund zu erhalten.

Bei Tieren gehört zur Körper- und Fellpflege auch das Entfernen von Schmutz und Parasiten aus dem Fell, von der Haut und anderen Stellen. Bei Menschen bezieht sich die Körperpflege auf die Handlungen und Gewohnheiten, die für ein gepflegtes Erscheinungsbild sorgen. Was ein gepflegtes Erscheinungsbild im Einzelnen ausmacht, wird kulturell bedingt unterschiedlich bewertet. In manchen Kulturen gilt ein Mann als gepflegt, wenn er sich jeden Tag rasiert, während in anderen ein gepflegtes Erscheinungsbild dadurch definiert wird, dass ein Mann sich überhaupt nicht rasiert, sondern seinen Bart auf eine bestimmte Weise frisiert. Körperpflege ist alles, was zum Erscheinungsbild einer Person gehört wie z. B. Haare, Bart, Fingernägel, Haut, Make-up, die Figur, Kleidung, Schuhe und Accessoires.

Teil einer Gesellschaft zu sein bringt Vorteile, z. B. Arbeit, Schutz und Zugehörigkeit. Aber es werden auch Anforderungen gestellt, beispielsweise, dass man hart arbeitet und zur Gemeinschaft beiträgt, dass man Gesetze und Regeln befolgt, damit alle Menschen sicher leben können, und dass man sich durch ein angemessenes Verhalten und Erscheinungsbild so gut wie möglich einfügt. Selbst Menschen, die wegen ihrer Behinderung am Rande der Gesellschaft stehen, ziehen Vorteile daraus, sich so gut wie möglich den Anforderungen anzupassen. Jeder Mensch muss herausfinden, welche Anforderungen die Kultur, in der er lebt, bezüglich Körperhygiene und eines gepflegten Erscheinungsbildes hat. Die wichtigsten Hinweise erhält er schon als Kind in seiner Familie.

Die Herausforderung

Ich war schon immer recht unscheinbar. Am liebsten trage ich Jeans mit einem Gummibund und weite Flanellhemden. Ich trage mein Haar sehr kurz, weil es dann leichter zu pflegen ist, und ich lege nie Make-up auf. Letzte Woche habe ich mich mit meiner Schwester zum Mittagessen in einem Restaurant in der Nähe meiner Wohnung verabredet. Wir bestellten unser Essen, aber bevor es kam, ging ich zur Damentoilette. Dort angelangt, trat eine Frau aus der Tür und war überrascht. Sie sagte sehr freundlich zu mir: „Entschuldigen Sie, die Herrentoilette ist dort drüben." Ich sagte: „Ich bin aber eine Frau." Sie wirkte erneut überrascht und entschuldigte sich dann. Ich glaube, sie hatte an meiner Stimme erkannt, dass ich eine Frau bin. Ich habe mich darüber nicht weiter geärgert, weil so etwas schon ein paar Mal passiert ist. Ich habe das Gefühl, dass ich nirgends richtig dazugehöre.

Stephanie

Die Erklärung

Körperhygiene ist für die Gesundheit ebenso wichtig wie ein gepflegtes Erscheinungsbild für das Zugehörigkeitsgefühl. Hygiene und Körperpflege sind kulturell bedingt. Um die Erwartungen einer bestimmten Kultur bezüglich der Körperhygiene und des äußeren Erscheinungsbildes zu definieren, muss ein Mensch in der Lage sein, seine Umwelt zu beobachten, die grundlegende Verbundenheit der Menschen untereinander zu erkennen, die jeweilige Gesellschaft zu respektieren und anzunehmen sowie den Wert zu erkennen, den eine gewisse Konformität bezüglich des äußeren Erscheinungsbildes besitzt.

Für einen Teenager oder Erwachsenen mit AS kann es aus verschiedenen Gründen problematisch sein, sich an bestimmte Anforderungen bezüglich der Körperpflege und des Erscheinungsbildes zu halten. Viele Menschen mit AS haben sich den Großteil ihres Lebens erfolglos abgemüht, „dazuzugehören" oder von ihrem Umfeld integriert zu werden. Sie können es dann nur schwer akzeptieren, dass sie die Anforderungen dieser Gemeinschaft befolgen sollen. Andere verstehen möglicherweise nicht den Sinn und die Wichtigkeit eines „konformen Erscheinungsbildes" und welche Vorteile sie daraus ziehen könnten. Manche wissen nicht, wie oder wo sie gute Ratschläge bezüglich einer angemessenen Körperpflege erhalten könnten, wieder andere haben keine ausreichenden finanziellen Mittel zur Verfügung, um sich entsprechende Dienstleistungen oder Kleidung leisten zu können. Bei einigen Menschen werden die Gewohnheiten ihrer Körperpflege von ihren eigenen Vorlieben bestimmt.

Stephanie kleidet sich im Großen und Ganzen entsprechend ihrer eigenen Vorlieben. Sie fühlt sich nur in Jeans mit Gummibund und weiten Flanellhemden wohl. Sie trägt ihre Haare kurz, weil sie pflegeleichter sind, und sie benutzt kein Make-up, weil es ihr einfach noch nie in den Sinn gekommen ist. Sie versucht nicht absichtlich, wie ein Mann auszusehen, aber sie macht sich auch nicht so zurecht, wie es eine Frau in ihrer Gesellschaft typischerweise tun würde. Obwohl es vordergründig so scheint, als ob Stephanie gelernt hätte, sich selbst zu akzeptieren, kann der Leser auch einen resignierten Unterton feststellen.

Die Lösung

Körperhygiene und das äußere Erscheinungsbild sind sehr persönliche Themen und auch kulturell bedingt, daher konzentrieren sich die Ratschläge in diesem Kapitel auf die Schritte der versierten Beobachtung, der Reflexion und der Analyse, anstatt starre Regeln aufzustellen.

- Beobachten Sie Ihre Umgebung, um herauszufinden, ob Körperhygiene für die Gesellschaft, in der Sie leben, ein sehr wichtiges Thema ist. Füllen Sie den Arbeitsbogen „Körperpflege und äußeres Erscheinungsbild" im Anhang „Arbeitsbögen" aus, um eine Ausgangsbasis für Ihre Beobachtungen, Reflexionen und Analysen zu erhalten.
- Wenn man sich in Kulturkreisen, die großen Wert auf Körperpflege und ein gepflegtes Erscheinungsbild legen, nicht an die Regeln hält, kann das Konsequenzen haben. Wie würden Ihrer Ansicht nach die Konsequenzen für Sie aussehen?
- Beobachten Sie Ihre Umwelt, um die Kriterien auszumachen, nach denen die Gesellschaft bewertet, ob jemand ein gepflegtes Erscheinungsbild hat oder nicht.
- Sind Sie – ausgehend von Ihren Beobachtungen, Reflexionen und Analysen – mit Ihrem äußeren Erscheinungsbild zufrieden, oder würden Sie gern einige Änderungen vornehmen?
- Überempfindlichkeit gegenüber Berührung, Gerüchen und Geräuschen kann den Friseurbesuch oder das Verwenden von Lotionen und kosmetischen Produkten beeinträchtigen. Füllen Sie den Arbeitsbogen „Sensorische Herausforderungen" im Anhang „Arbeitsbögen" aus. Nehmen Sie diesen Bogen als Ausgangsbasis für Ihre Beobachtungen, Reflexionen und Analysen hinsichtlich physischer Überempfindlichkeit, die eine angemessene Körperpflege und ein gepflegtes Äußeres beeinträchtigen könnte.

Haushaltsführung

Der Begriff Haushaltsführung umfasst die gesamte Organisation des Haushalts, dazu gehören Möbel und Gebrauchsgegenstände anzuschaffen, persönliche Dinge zu ordnen, aufzuräumen, zu putzen, Wäsche zu waschen, kleinere Reparaturen auszuführen, einzukaufen und zu kochen. Der Sinn der Haushaltsführung besteht darin, sich einen sicheren, sauberen und angenehmen Lebensraum zu schaffen. Die Haushaltsführung bedarf der Anleitung und Übung. Durch Anleitung erhält man Hinweise, wie man Möbel und andere Gegenstände aussucht und kombiniert, um das eigene Zuhause wohnlich zu gestalten, und wie man Ordnung hält, indem man persönliche Dinge so platziert, dass sie leicht auffindbar und erreichbar sind. Weitere Aspekte sind Methoden des Saubermachens, die eine optimale Hygiene gewährleisten; Anleitungen, um die Wäsche zu waschen und zu schützen sowie Kochmethoden, die sicher und hygienisch sind und für schmackhaftes Essen sorgen. Eine gute Haushaltsführung kann die eigenen organisatorischen Fähigkeiten und generell die Lebensqualität verbessern.

Die Herausforderung

In unserem Haushalt besteht die größte Herausforderung darin, Termine einzuhalten und dabei an alles zu denken, was man mitnehmen muss. Ich verbringe enorm viel Zeit damit, Dinge zu suchen. Ich arbeite von Zuhause aus, und meine Frau arbeitet in einem Büro. Es liegt in meiner Verantwortung, morgens unsere beiden Kinder zur Schule zu bringen. Jeden Tag fehlt irgendetwas: ein Schuh, die Zahnbürste, das Lieblingsspielzeug, die Büchertasche, das Haargummi und manchmal sogar der Mantel. Ich verliere ständig Strümpfe, und es ist unmöglich, sie wiederzufinden. Am schlimmsten sind die Tage, an denen wir Bücher in die Bücherei zurückbringen müssen. Nie finden wir alle Bücher. Es ist total frustrierend.

Daniel

Die Erklärung

Als Kinder dachten viele von uns, es sei eine Strafe, wenn unsere Eltern von uns verlangten, im Haushalt mitzuhelfen und z. B. unsere Sachen aufzuräumen. Dabei handelte es sich jedoch um eine wichtige Anleitung und Übung, die uns davor bewahren sollte, uns später selbst das Leben schwer zu machen. Ein sauberes, bequemes und ordentliches Zuhause ist gut für die eigene Gesundheit und das allgemeine Wohlbefinden. Es kann auch dabei helfen, Geld zu sparen, weil man nicht ständig verlorengegangene Gegenstände wieder ersetzen muss, und die eingesparte Zeit lässt mehr Raum für Produktivität.

In Daniels Geschichte erlebt er täglich das gleiche Problem, nicht aufgrund von Dummheit, sondern weil er planlos ist. Planlosigkeit ist ein vorherrschendes Merkmal bei vielen Teenagern und Erwachsenen mit AS. Daniel ist ein treusorgender Vater, der möchte, dass seine Kinder zur Schule gehen und ein Zugehörigkeitsgefühl entwickeln. Er meint, sein Problem sei das ständige Suchen, während es in Wirklichkeit ein Aufmerksamkeitsproblem ist. Würde Daniel mehr Aufmerksamkeit darauf verwenden, den Haushalt zu organisieren, sodass jeder Gegenstand seinen Platz hat, und würde er seinen Kindern beibringen, ihre Sachen immer an die vorgegebenen Plätze zurückzulegen, hätte er nicht länger das Problem des ständigen Suchens. Eine solche Änderung bedarf zuerst gewaltiger Anstrengung, kann jedoch schließlich zu positiven Ergebnissen wie z. B. mehr Zeit für sich selbst und glücklichere zwischenmenschliche Beziehungen führen.

Die Lösung

Eine gute Haushaltsführung beginnt damit, dass Sie Ihre Umwelt beobachten. Danach sind wie bei allen sozialen Kompetenzen Lernen und Üben notwendig.

- ➢ Wenn Sie in ein neues Zuhause ziehen, nehmen Sie sich die Zeit, den Wohnraum so zu organisieren, dass Sie den größtmöglichen Nutzen und die größtmögliche Freude daran haben. Wahrscheinlich werden Sie Möbel und Gebrauchsgegenstände benötigen, es sei denn, sie werden vom Vermieter gestellt. Denken Sie daran, dass weniger Gegenstände auch weniger Organisation und Pflege benötigen. Füllen Sie den Arbeitsbogen „Wohnungseinrichtung“ im Anhang „Arbeitsbögen“ aus, um festzustellen, welche Gegenstände Sie brauchen.
- ➢ Systeme und Gewohnheiten, die Ihnen helfen, Ihr Zuhause zu organisieren, sind für eine gute Haushaltsführung wesentlich. Weisen Sie jedem Gegenstand seinen eigenen Platz zu; das wird Ihnen helfen, Ordnung zu halten und Frustration zu reduzieren. Sie werden dadurch auch Geld sparen und Ihre Produktivität verbessern.
- ➢ Wenn Sie Ihren Wohnraum pflegen und sauber halten und Ihre Kleidung auf die empfohlene Weise waschen, verlängert das die Lebensdauer der Sachen, spart Geld und verbessert die Lebensqualität. Die entsprechenden Methoden können auf unterschiedliche Weise erlernt werden: mithilfe von

Familienmitgliedern, Freunden, Volkshochschulen, Experten im Internet sowie durch Bücher und Artikel in Zeitschriften.

- Kochen bietet mehr als nur schmackhaftes Essen, es kann sich zu einem Interesse, zu einer kreativen Betätigung entwickeln, die sehr viel Freude bereitet. Es gibt viele Wege, kochen zu lernen: mithilfe von Familienmitgliedern und Freunden, Online-Kursen sowie durch Kochkurse an Volkshochschulen, Bücher und Zeitschriften.
- Um Anleitungen für eine gute Haushaltsführung zu erhalten, muss man in der Regel mit anderen Menschen interagieren; davon werden viele zu der Gruppe der Bekannten gehören. Für diese Interaktionen können Sie ein Verzeichnis oder ein Drehbuch mit Ihren Beobachtungen und Bedürfnissen vorbereiten, bevor Sie die entsprechende Person ansprechen. Das wird die Kommunikation und Ihren Zugang zu Informationen erleichtern, die Sie für Ihre Fortschritte bei der Haushaltsführung benötigen.

Haushalten und Kostenplanung

Der wichtigste und auch schwierigste Punkt im Umgang mit Finanzen ist die Kostenplanung, dazu gehören Bankgeschäfte und das Sparen. Ohne eine gute solide Kostenplanung steht selten genug Geld für Bankgeschäfte zur Verfügung. Zur Kostenplanung gehört vor allem ein persönlicher Haushaltsplan, in dem ein Ansparplan sowie ein intelligenter Umgang mit eventuellen Krediten und Kreditkarten integriert werden kann (Consumer Credit Counseling Services, 2003).

Eine fundierte Kostenplanung ist für jeden und bei allen Arten von Einkommen wichtig, sowohl für den Teenager, der für seine Teilzeitarbeit geringfügig bezahlt wird, als auch für den Erwachsenen, der staatliche Unterstützung oder ein hohes Gehalt bezieht. Der intelligente Umgang mit Finanzen schafft viele Vorteile.

Die Herausforderung

> Ich arbeite für eine gemeinnützige Organisation, d. h., mein Einkommen ist geringer als das, was ich verdienen könnte, wenn ich im öffentlichen Sektor arbeiten würde. Ich habe nicht die Absicht, den Job zu wechseln, aber mir stehen nur begrenzte finanzielle Mittel zur Verfügung. Ich teile eine Wohnung mit einer Kollegin, d. h., die Kosten sind nicht so hoch wie normalerweise in diesem Stadtteil üblich. Ich hatte noch nie Unter-

richt oder Anleitung im Umgang mit Finanzen oder im intelligenten Haushalten. Ich hatte, bis ich 25 Jahre alt war, noch nie einen Scheck ausgestellt. Davor hatte ich eigentlich kein eigenes Geld, und ich habe jetzt immer noch nicht viel. Es gefällt mir, selbstständig zu wohnen, und ich möchte, dass es so bleibt. Also ist es überaus wichtig, dass ich gut mit meinem Geld haushalte. Ich habe keine Schulden und keine Kreditkarten. Ich versuche möglichst, immer bar zu bezahlen. Mein Haushaltsplan besteht im Wesentlichen darin, wenig Geld auszugeben. Normalerweise esse ich zu Hause, außer wenn ich mein eigenes Mittagessen mit zur Arbeit nehme. Immer, wenn ich ein Zimmer verlasse, schalte ich das Licht aus, und ich benutze die Waschmaschine und den Geschirrspüler nur dann, wenn sie voll sind. Ich dusche, anstatt zu baden, und wenn ich etwas einkaufen muss, gehe ich in Discount-Läden und verwende Rabatt-Coupons. Ich esse viel Reis und Nudeln, weil es billig ist, und ich achte darauf, nur so viel Obst und Gemüse zu kaufen, wie ich auch wirklich essen kann, bevor es verdirbt. Ich habe genug Geld, um durchzukommen, aber es ist eine stressige Art zu leben.

Margie

Die Erklärung

Haushalten, Sparen und Kostenplanung bedeutet etwas anderes, als kein Geld auszugeben. Die Menschen arbeiten, damit sie gut leben und die Früchte ihrer harten Arbeit genießen können.

Margie hat gelernt, ihre Ausgaben zu minimieren, aber ein so genügsames Leben ist vielleicht gar nicht notwendig, und es verursacht viel Stress. Margie braucht einen guten Haushaltsplan für ihre Einnahmen und Ausgaben. In einem Haushaltsplan werden die eigenen Einnahmen und Ausgaben nebeneinander gestellt, sodass man am Ende sieht, wofür man sein Geld ausgibt und was eventuell noch übrigbleibt.

Die Lösung

Ein Haushaltsplan basiert auf der Höhe Ihres Einkommens und der Überlegung, wie Sie dieses Geld ausgeben möchten.

- Finanzberater empfehlen normalerweise, dass man damit beginnt, einen kleineren Geldbetrag auf ein Sparkonto einzuzahlen. Dieses Geld dient dann als „Notgroschen“ für unvorhergesehene Notfälle. Solche Notfälle zwingen ansonsten Menschen häufig dazu, planlos Kredite aufnehmen zu müssen. Schulden aber können Ihre finanzielle Freiheit in hohem Maße beeinträchtigen.

- Überlegen Sie sich, welche Ausgaben für Sie am wichtigsten sind. In Margies Situation würde sie sagen, dass die Kosten für ihren Anteil an der Miete am wichtigsten sind. Um Ihre Kostenplanung zu erleichtern, füllen Sie den Arbeitsbogen „Ein persönlicher Haushaltsplan“ im Anhang „Arbeitsbögen“ aus.
- Wenn Sie bei Ihrem Haushaltsplan oder in irgendeinem anderen finanziellen Bereich Hilfe benötigen, können Sie kostenlos bei der Verbraucherzentrale nachfragen, es gibt auch Kurse dazu an den Volkshochschulen. Entsprechende Angebote gibt es auch in Form einer persönlichen Beratung in den dafür zuständigen Stellen oder als telefonische oder Online-Beratung. Dafür werden Sie mit Menschen aus der Kategorie „Bekannte“ interagieren müssen, daher ist es hilfreich, wenn Sie vor Ihrer Kontaktaufnahme ein Verzeichnis oder ein Drehbuch erstellen, das Ihre Bedürfnisse und Fragen deutlich hervorhebt.

5. Studium, berufliche Ausbildung und Erwerbstätigkeit

Dieses Kapitel beschäftigt sich mit den kommunikativen Kompetenzen, die für das Finden und für die Aufnahme einer Erwerbstätigkeit nötig sind. Die spezifischen Themen, die behandelt werden, sind Berufsberatung und -planung, Universitäten, Ausbildungsstätten und Lehrstellen, eine Erwerbstätigkeit finden und die Stelle behalten. Jedes Thema wird definiert und erläutert. Persönliche Geschichten beschreiben die Schwierigkeiten und besonderen Herausforderungen, mit denen Teenager und Erwachsene, die mit AS leben, konfrontiert sind. Die einzelnen Herausforderungen werden näher erklärt und dann werden praktische Lösungswege schrittweise aufgezeigt, die leicht nachvollziehbar sind.

Berufsberatung und -planung

Das Finden einer sinnvollen Erwerbstätigkeit ist ein zu wichtiges Thema, um es dem Zufall zu überlassen. Sorgfältiges Planen und die richtige Ausbildung sind wichtig, um dieses Ziel zu erreichen. Berufsberatung und -planung können dabei hilfreich sein.

Bei einer Berufsberatung werden Informationen über Ihre Person zusammengetragen, um Ihre Interessen und Ihre Persönlichkeit einem Berufsbild oder einer Beschäftigung zuzuordnen. Berufe sind Betätigungsfelder, die in den meisten Fällen eine besondere Ausbildung erfordern. Spezielle Ausbildungen sind unter Umständen zeit- und kostenintensiv. Aus diesen Gründen ist es nützlich, sich in einer Berufsberatung Unterstützung zu suchen, um zu wissen, in welche Richtung man gehen möchte.

Für Berufsberatungen müssen Sie oft Fragebögen, Tests und Checklisten ausfüllen. Sie basieren also zum Großteil auf den eigenen Angaben der Person, die eine berufliche Einschätzung wünscht. Seien Sie möglichst ehrlich und genau. Eine erfolgreiche Einschätzung erfordert normalerweise das Lesen und Beantworten eines breiten Spektrums von Fragen über Ihre Interessen und Präferenzen. Wenn eine Person Schwierigkeiten beim Lesen hat, kann der Arbeitsbogen von einer anderen Person laut vorgelesen werden (ausgenommen, es sollen gerade die eigenen Lesefertigkeiten bewertet werden). Es sollten dabei genügend Pausen gelassen werden, damit die betreffende Person ihre Antworten eintragen kann. Berufsberatung wird von Arbeitsagenturen, Vereinen, an Fachhochschulen und Universitäten angeboten.

In einer Berufsplanung werden ebenfalls Informationen über eine Person zusammengetragen, aber hier geht es nicht um die Karriere, sondern um die grundsätzlichen beruflichen Präferenzen und um Ihr Potenzial hinsichtlich einer bestimmten Tätigkeit. Zur Berufsplanung gehören Beobachtungen und Informationen von Menschen, die Sie kennen, z. B. von Lehrern. Weitere Elemente sind Praktika, Fragebögen, Checklisten, Tests und eigene Arbeitsproben. Bei der Berufsberatung werden Informationen in den folgenden Bereichen zusammengetragen:

- Karrierevorstellungen,
- persönliche Interessen,
- Begabungen,
- etwaige besondere Förderbedürfnisse,
- Lerngewohnheiten,
- Arbeitsgewohnheiten und Verhaltensweisen,
- persönliche und soziale Kompetenzen,
- Einstellung zur Arbeit,
- Selbsteinschätzung,
- Anforderung an die Arbeitsbedingungen.

Im Prozess der Berufsplanung gewinnt die betreffende Person viele Einsichten und entwickelt ein besseres Verständnis ihrer Kompetenzen. Bei vielen Menschen hat die Teilnahme an einer Berufsberatung ihr generelles Interesse am Thema Arbeit erhöht und weitere interessante Veränderungen angeregt. Viele haben dadurch den Impuls erhalten, über ihre berufliche Zukunft nachzudenken und zu diskutieren. Spezielle Berufsplanungsprogramme können dabei helfen, realistische berufliche Vorstellungen zu entwickeln, die Motivation zum Lernen zu erhöhen sowie das eigene Selbstvertrauen zu stärken (Vocational Assessment, 1990).

Die Vorteile der Berufsplanung und -einschätzung für Schüler mit Behinderungen werden vom amerikanischen Informationszentrum für Kinder und Jugendliche mit Behinderungen (National Information Center for Children and Youth with Disabilities) folgendermaßen beschrieben (Vocational Assessment, 1990, S. 3):

> Die aktive Teilnahme der Schüler am Einschätzungsprozess ist ein wichtiger Faktor, um ihnen zu zeigen, wie die Schule mit der Arbeitswelt verknüpft ist, und um sie zum Lernen und zu anderen schulischen Aufgaben zu motivieren. Außerdem erhalten Schüler und ihre Familien durch den Einschätzungsprozess die Gelegenheit, Informationen über verschiedene Berufe zu sammeln. Das Grundwissen der Schüler über die Arbeitswelt und über sich selbst wird dadurch vertieft, dass sie Einsichten über verschiedene Jobs gewinnen, Praktika an realen Arbeitsplätzen absolvieren, eigene Interessen erkunden und Feedback bezüglich vieler verschiedener Aspekte ihrer individuellen Fähigkeiten, Fertigkeiten und Leistung erhalten.

Das ermöglicht es ihnen, zu erforschen, welche Berufswege für sie geeignet sein könnten und welche nicht zu ihnen passen.

Diese Vorteile gelten für alle Menschen. Es ist nie zu spät, an einer Berufsberatung und -einschätzung teilzunehmen und die Tätigkeit herauszufinden, die am besten zu einem passt. Grandin (Grandin & Barron, 2005, S. 26) schreibt:

> Ich habe beobachtet, dass normal oder überdurchschnittlich begabte [„*high-functioning*"] Menschen mit Autismus oder Asperger-Syndrom, die in ihrem Leben Veränderungen vornehmen und sich sehr gut anpassen können, auch befriedigende Jobs haben [...] Im Gegenzug sind die unglücklichsten Menschen, die ich getroffen habe, diejenigen, die keine einzige berufliche Fertigkeit oder Hobby entwickelt haben, das sie mit anderen teilen könnten. Da wir einen so großen Teil unseres Erwachsenenlebens mit der Arbeit verbringen, ist es nachvollziehbar, dass Menschen mit einer befriedigenden Arbeit im Allgemeinen glücklicher sind und somit besser auf die unterschiedlichen Situationen, die das Leben hervorbringt, reagieren können.

Die Herausforderung

> Meine Berufseinschätzung hat ergeben, dass sowohl meine Stärken als auch meine Schwächen sehr stark ausgeprägt sind. Das Testverfahren hat mich zu meiner derzeitigen Arbeit geführt. Meine Stärke liegt im Bereich der Zahlen. Ich kann die Telefonnummer, das Geburtsdatum und das Autokennzeichen jeder Person, die ich je getroffen habe, im Kopf behalten. Mir gefällt alles, was mit Zahlen zu tun hat. Meine einzige bisherige Berufserfahrung ist die Arbeit in der öffentlichen Bibliothek, wo es meine Aufgabe ist, die Bücher wieder einzuordnen. Ich finde diesen Job wirklich toll! Und ich mache diese Arbeit sehr gut. Ich mag es, Dinge zu sortieren und aufzuräumen, und meine Mutter meint, dass ich für die Bibliothek eine Bereicherung sei. Meine Schwächen sind, dass ich wenig Energie habe, ich bin körperlich eher schwach, und ich habe Probleme, wenn mir Menschen zu nahe kommen. Ich befinde mich in einer Übergangsphase, weil ich nächstes Jahr meinen Highschoolabschluss machen werde. Ich würde wirklich sehr gern weiterhin in der Bibliothek arbeiten. Die Menschen dort kennen mich inzwischen, und es läuft alles ziemlich gut. Ich glaube, das wäre wirklich ein guter Job für mich.
>
> *Max*

PS: Max hat eine Autismus-Spektrum-Störung. Er nimmt an einem Programm seiner Highschool teil, in dem wichtige Kompetenzen für das Arbeitsleben vermittelt werden. Vor zwei Jahren hat er begonnen, in der örtlichen öffentlichen Bibliothek vier Stunden pro Woche zu arbeiten. In den letzten zwei Jahren hat er die Anzahl auf 15 Stunden pro Woche erhöht. Er ordnet die Bücher in die Regale ein und erledigt noch andere Aufräumarbeiten. Zurzeit lernt er, wie man Staub wischt und einen Teppichkehrer benutzt, um die Bibliothek sauber zu halten. Er arbeitet genau und zuverlässig, aber auch langsam. Der Bibliothek stehen keine Gelder zur Verfügung, um ihn nach der Highschool einzustellen, aber man sucht nach einer Lösung, um ihn auch nach seinem Schulabschluss zumindest zwölf Stunden pro Woche weiter beschäftigen zu können.

Die Erklärung

Berufsberatung und -planung sind hilfreich, um für eine Person das Berufsfeld zu finden, das am besten zu ihr passt. In Max' Situation war das schwierig für seine Eltern und Lehrer, da seine Hauptinteressen eher einseitig sind, aber der Prozess der Berufseinschätzung ließ ganz klar verschiedene Fähigkeiten und Fertigkeiten in Bezug auf ein gutes Zahlengedächtnis und Erinnerungsvermögen erkennen. Diese Information war hilfreich, um Max eine passende Arbeit zu vermitteln. Die Berufsplanung und Arbeitserfahrung hat Max' Interesse am Berufsleben erhöht. Er möchte gern arbeiten, und es besteht Hoffnung, dass er seinen Job behalten kann.

Die Lösung

Berufsberatung und berufliche Einschätzungsverfahren werden oft Schülern angeboten, die eine öffentliche Schule besuchen, aber das betrifft nur einen kleinen Teil aller Teenager und Erwachsenen mit AS. Für diejenigen, die keine öffentliche Schule besuchen, ist es leider ein bisschen schwieriger, an einer Berufsfindung teilzunehmen, aber es ist genauso wichtig.

1. Wie bei jeder anstehenden Veränderung, besteht der erste Schritt darin zu beobachten, zu reflektieren, zu analysieren und die gegenwärtige Situation auszuwerten. Sie können dabei die folgenden Fragen zu Ihrer derzeitigen Arbeitssituation beantworten:
   - Möchten Sie grundsätzlich einer Erwerbsarbeit nachgehen?
   - Haben Sie Schwierigkeiten, eine Anstellung zu finden?
   - Finden Sie Ihre derzeitige Erwerbsarbeit befriedigend?
   - Bietet Ihnen Ihre Erwerbsarbeit die notwendige finanzielle Unterstützung?
   - Würden Sie lieber etwas anderes machen?
   - Könnte für Sie eine Berufsberatung nützlich sein?

2. Berufsplanung und -beratungen werden von staatlichen Organisationen, die sich um Teenager und Erwachsene mit Behinderungen kümmern, angeboten sowie von Arbeitsagenturen, Hochschulen und gemeinnützigen Organisationen. Viele dieser Anlaufstellen kann man im Internet unter den Stichwörtern Berufsberatung und -planung finden.
3. Bevor Sie zum ersten Mal Kontakt aufnehmen, ist es hilfreich, wenn Sie Ihre Fragen und Anliegen in einem Verzeichnis oder Drehbuch aufschreiben. Oder bitten Sie Freunde und Ihre Familie um Hilfe. Manchmal kann es frustrierend und zeitaufwendig sein, die ganzen Angebote allein durchzugehen.

Hochschulen und Ausbildungsplätze

Fachhochschulen und Universitäten, Berufsbildungszentren und Ausbildungsstellen vermitteln Teenagern und Erwachsenen das Wissen und die Kompetenzen, die sie für das Berufsleben benötigen. Die Wahl eines Ausbildungsweges hängt in großem Maße von Ihren Interessen und Begabungen ab.

Fachhochschulen und Universitäten bieten Studenten ein breites Spektrum an Entfaltungsmöglichkeiten. An den Universitäten gibt es Studienzweige wie die der Geisteswissenschaften, in denen es um spezifische Wissensbereiche geht, die nicht direkt auf einen bestimmten Beruf hinzielen, während andere sich in erster Linie auf praktische Angebote konzentrieren, die sich hauptsächlich mit der Entwicklung von Fertigkeiten beschäftigen, die für einen spezifischen Beruf erforderlich sind. Wieder andere bieten eine ausgewogene Mischung von Geisteswissenschaften und praktischen Studienprogrammen an. Für viele Berufe ist ein Fachhochschul- oder Universitätsabschluss erforderlich.

Berufsfachschulen bieten im Allgemeinen Kurse und eine umfassende praktische Ausbildung, die sich auf die spezifischen Kenntnisse und Fertigkeiten konzentrieren, die für eine bestimmte berufliche Tätigkeit nötig sind. Für die einzelnen Ausbildungsinstitute gelten unter Umständen besondere Zulassungsverfahren. Die Ausbildungsangebote reichen von der Erzieherin bis zu Meisterkursen. Solche Ausbildungsprogramme kosten in der Regel weniger als der Besuch einer Fachhochschule oder Universität, da diese Kurse in kürzerer Zeit absolviert werden können.

Eine Ausbildungsstelle bietet eine praktische Berufsausbildung für Teenager und Erwachsene, die parallel zur Ausbildung bereits im Arbeitsleben eingebunden sein möchten. Um eine Ausbildungsstelle zu finden, muss man sich nach einem geeigneten und qualifizierten Ausbilder oder Ausbildungsbetrieb in einem Tätigkeitsfeld, das den eigenen Interessen entspricht, umsehen. Aber bitte denken Sie daran, zu jeder betrieblichen Ausbildung gehört auch der Besuch der Berufsschule.

Junge Menschen mit Asperger-Syndrom und der Diagnose High-functioning Autismus werden in Deutschland seit einigen Jahren erfolgreich in einem Netz überbetrieblicher Ausbildungsstätten gefördert und auf eine Tätigkeit auf dem allgemeinen Arbeitsmarkt vorbereitet. Ein systematisches Assessment kann eine individuell bestmögliche berufliche Orientierung in einer Vielzahl von Ausbildungsberufen gewährleisten. Autismuskundige Ausbilder und Pädagogen sorgen für eine berufliche Qualifizierung, die eine Vermittlung ermöglicht (Bundesverband autismus Deutschland, 2008).

Die Herausforderung

Wenn ich meine bisherige Highschoolerfahrung mit einem Wort beschreiben müsste, würde ich das Wort „beschwerlich" wählen. Eigentlich halte ich mich trotz meiner Behinderung nicht für unfähig, die Studienanforderungen zu bewältigen. Trotzdem habe ich aus Gründen, die ich nicht vollkommen erklären kann, und aufgrund von Barrieren, die ich nicht genau identifizieren kann, das Gefühl, dass mein Studium konstant von einem Extra-Druck belastet wird. Meine Ängstlichkeit führt dazu, dass ich kinderleichte Aufgaben so angehe, als wären es unlösbare Probleme.

Das Leben an einer Highschool ist ohne Zweifel eine der größten Zerreißproben, der ich je ausgesetzt war. Ich bin von Natur aus sehr häuslich, und ich habe mich selten aus dem Umkreis des Hauses, in dem ich aufgewachsen bin, herausgewagt. Mein Einzelzimmer an der Highschool zu beziehen, war eine Herausforderung, für die ich mich niemals hätte ausreichend vorbereiten können. Da ich mich von Fremden umgeben sah und mir mein vertrautes Zuhause verwehrt war, zog ich mich immer mehr von meiner Umwelt zurück. Anstatt mich an das Highschoolleben zu gewöhnen, habe ich mich innerlich zurückgezogen und wurde von Wellen der Angst und des Zweifels überrollt.

Schlaf bzw. Schlafmangel war ein weiteres Thema. In den meisten Nächten konnte ich nicht einschlafen und blieb bis morgens um drei oder vier Uhr wach. Ich fand immer erst dann Ruhe, wenn die starke Erschöpfung nicht mehr auszuhalten war. Morgens zwang ich mich, um sieben Uhr aufzustehen (oder um acht oder – besonders großzügig – um neun; je nachdem, wie schlecht es mir ging), und hielt mich dann mithilfe des Koffeinvorrats des Campus wach.

Mit meinen Nerven wurde es so schlimm, dass ich mich nicht mehr auf mein Studium konzentrieren konnte. Nervosität und Angst lähmten mich auf geistiger Ebene, und erst ein paar Stunden oder, noch schlimmer, ein paar Minuten vor Unterrichtsbeginn schaltete meine Angst zu versagen, meine geistige Lähmung aus, sodass ich schließlich in Bewegung kam. Ich ging zur psychologischen Beratungsstelle der Highschool, und man sagte mir, dass meine ungesunde Lebensweise früher oder später meine Noten gefährden würde, was mich entweder dazu zwingen würde, mich zu verbessern oder von der Highschool zu fliegen. Leider ist das nie passiert. Der Konflikt konnte so leicht nicht gelöst werden. Meine persönlichen Gewohnheiten verschlechterten sich kontinuierlich, trotzdem erhielt ich das ganze Jahr über meistens gute Noten. Für mich ist das Problem nicht akademisches Versagen, sondern die Unfähigkeit, ein angenehmes Leben zu führen. Allerdings geriet auch meine Arbeitsmoral heftig ins Schwanken, als meine Highschoollaufbahn begann. Meine Noten sind durchaus akzeptabel, allerdings liegt die Qualität meiner Leistungen meiner Meinung nach weit unter dem Niveau, das ich selbst erträglich finde.

Ich möchte festhalten, dass die Unterstützung vonseiten der Highschool immer außergewöhnlich gut war. Ich habe keinerlei Klagen bezüglich der Betreuung und der Fördermaßnahmen, die mir zur Verfügung gestellt werden. Meine Schwierigkeiten beim Highschoolleben sind fast ausschließlich psychologisch bedingt, und dementsprechend müssen Veränderungen von mir selbst ausgehen. Meine Highschool bietet wirklich ein so freundliches und unbedrohliches Umfeld, wie ich es anderswo nicht finden könnte. Ich kann keine befriedigende Ursache dafür finden, warum ich solche Schwierigkeiten habe, irgendetwas zu erreichen.

Im Moment ist meine Situation so, dass ich regelmäßig am Wochenende nach Hause fahren muss, um zu meinem inneren Frieden zurückzufinden, damit ich meine Batterien aufladen und in die folgende Woche starten kann. Ich habe mich absichtlich nur an Highschools beworben, die im Umkreis von einer Stunde Fahrtzeit von zu Hause liegen, weil ich schon vermutet hatte, dass ich die Erholung brauchen würde. Montagmorgen bin ich immer in bester Verfassung und Leistungsbereitschaft. Wenn ich frisch von zu Hause zurück bin, kann ich mich gut konzentrieren und besser lernen und mehr erreichen, als zu irgendeinem anderen Zeitpunkt der Woche. Freitags stoße ich dann an meine Grenzen und finde jegliche Form des konstruktiven Denkens schwierig. Dieser wöchentliche Verlauf ist ein unglaublich kräftezehrender Prozess. Ich hätte wahrscheinlich schon längst meine Highschoollaufbahn aufgegeben, würde ich nicht ab und zu einen Hoffnungsschimmer sehen.

Ich bin dabei, mich zu verbessern. Obwohl meine Probleme nach wie vor existieren, fällt es mir langsam, aber sicher leichter, meine Verfassung zu stabilisieren. Ich habe mich immer bemüht, dass meine Ängste, obwohl sie meine Ambitionen beeinträchtigen, nicht die totale Oberhand über meinen Willen erhalten. Ich versuche, am Campusleben aktiv teilzunehmen. Wenn ich mich durch eine Aktivität erden kann, hilft das auch dabei, meine Selbstzweifel in Schach zu halten. Bisher habe ich bei zwei Theaterproduktionen der Highschool mitgewirkt, nehme weiterhin an einem Begabtenprogramm teil, und ich schreibe zurzeit Artikel für die Highschoolzeitung und das -jahrbuch.

Ich weiß nicht, wohin meine bisherigen Highschoolerfahrungen noch führen werden. Ich habe nicht die Absicht, die Highschool abzubrechen oder meine Träume aufzugeben. Aber ich finde es sehr schade, dass es so schwierig ist, an ihnen festzuhalten. Im Moment halte ich mich weiterhin an meine Hauptstrategie: Solange ich morgens aufstehen kann, schaffe ich es auch durch den neuen Tag.

Steven

Die Erklärung

Der schwierigste Teil des Prozesses ist nicht unbedingt, zu einem Fachhochschul- oder Universitätsstudium oder an einer technischen Ausbildungsstätte zugelassen zu werden oder eine Ausbildungsstelle zu finden; der schwierigste Teil besteht letztendlich darin, die Ausbildung durchzuhalten und sie auch abzuschließen.

Steven fällt es schwer, sich an das Highschoolleben anzupassen. Er bezeichnet sich selbst als häuslichen Typ, und obwohl er an der Highschool ein Einzelzimmer bewohnt und seine Privatsphäre hat, verursacht allein die Tatsache, dass er nicht zu Hause lebt, viel Stress. Durch die Verschlimmerung seiner Nervosität und Ängstlichkeit, die zusammen mit seinen Schlafschwierigkeiten einen Teufelskreis bilden, verschlechtert sich auch seine Fähigkeit, die Situation zu bewältigen. Er hatte bereits früher vermutet, dass es Stress verursachen könnte, fern vom Elternhaus zu leben, daher wählte er eine Highschool, die nur eine Stunde Fahrtzeit von seinem Zuhause entfernt liegt. Er hat herausgefunden, dass er seine Kräfte und Energien für die folgende Woche erneuern kann, wenn er jedes Wochenende zu Hause verbringt. Steven kann durchaus Erfolge verbuchen, aber er wünscht sich, es wäre weniger anstrengend.

Die Lösung

Planen, planen und nochmals planen ist die Lösung, wenn man den Weg einer Hochschulausbildung gehen möchte.

1. Bevor Sie nach einer geeigneten Universität suchen, nehmen Sie sich Zeit, um über Ihre Bedürfnisse nachzudenken. Versuchen Sie sich vorzustellen, wie es wäre, nicht mehr zu Hause zu leben – wie sähe das aus? Können Sie sich vorstellen, woanders zu leben und eine Fachhochschule, eine Universität oder ein Ausbildungszentrum zu besuchen, oder würden Sie lieber eine Ausbildung in der Nähe Ihres Elternhauses machen? Wenn Sie an einem anderen Ort leben würden, denken Sie, dass Sie ein eigenes Zimmer benötigen oder ein Zimmer mit jemandem teilen müssen? Unabhängig davon, ob Sie zu Hause oder in einem eigenen Zimmer leben würden, denken Sie, dass Sie eher weniger Kurse belegen und für diese mehr Zeit einplanen sollten? Würden Sie ein Unterstützungssystem an der Universität benötigen, das zu dem Zeitpunkt einsetzt, wo Sie eintreffen? Sind Sie fähig, Unterstützung zu suchen und um Hilfe zu bitten? Können Sie anderen von Ihrer Behinderung erzählen? Sind Ihre sensorischen Schwierigkeiten so gravierend, dass Sie spezielle Hilfsmaßnahmen anfordern müssten? Sind Ihre Lernschwierigkeiten so gravierend, dass Sie spezielle Hilfen anfordern müssten? Um Ihre Überlegungen rund um diese Fragen zu erleichtern, füllen Sie den Arbeitsbogen „Die berufliche Ausbildung planen" im Anhang „Arbeitsbögen" aus.
2. Stellen Sie eine Liste mit Institutionen zusammen, die Sie gern besuchen würden. Vereinbaren Sie für den Tag Ihres Besuchs einen Termin mit der Ansprechperson, die die speziellen Bedürfnisse von Menschen, die mit einer Behinderung leben, koordiniert. Achten Sie darauf, dass Sie für den Termin alle Unterlagen zusammentragen, die Sie vorzeigen müssen, um von Behindertendiensten Unterstützung zu empfangen. Man kann jederzeit auf bestehende Angebote verzichten, aber es ist schwierig, Hilfe erst dann zu beantragen und zu erhalten, wenn ein Notfall eintritt.
3. Treffen Sie Ihre Entscheidung auf der Grundlage Ihrer eigenen Überlegungen und der Informationen über die betreffende Universität. Achten Sie darauf, dass die Hilfsmaßnahmen, die Sie benötigen, bewilligt werden und ab Ihrem ersten Tag in Kraft treten.
   Folgende Hilfsmaßnahmen könnten wichtig sein:
   - ein eigenes Zimmer;
   - ein Mentor für das Leben im Studentenwohnheim;
   - Teilnahmemöglichkeiten an Unterstützungsgruppen, die vom psychologischen Beratungszentrum oder vom Behindertendienst angeboten werden;
   - ein Krisenplan;

- Nachhilfeunterricht und Studienfachbetreuung;
- Hilfsangebote der Schreibwerkstatt *(„Writing Lab");*
- sonderpädagogische Fördermaßnahmen und Lernberatung innerhalb der einzelnen Fakultäten für Studierende mit AS;
- besondere Hilfsangebote im Unterricht, z. B. mehr Zeit während Prüfungen und Tests, regelmäßiger Kontakt zu Professoren und eine strukturierte Umgebung im Unterrichtsraum.

4. Bleiben Sie regelmäßig mit der Person in Kontakt, die die speziellen Bedürfnisse von Menschen, die mit einer Behinderung leben, koordiniert. Treffen Sie sich mit anderen Studenten, die ähnliche Bedürfnisse haben, um sich gegenseitig zu unterstützen. Versuchen Sie, im Laufe Ihres Studiums neue Studenten zu unterstützen, die im Institut erst am Anfang stehen. Es ist eine erstaunliche Erfahrung, wie hilfreich es für Sie selbst sein kann, wenn Sie anderen helfen.
5. Nehmen Sie an Campus-Aktivitäten und Veranstaltungen teil, die Sie persönlich interessieren. Beschäftigungen, die einem Spaß machen, können auf positive Weise ablenkend wirken.

Eine Erwerbsarbeit finden

Der Begriff Erwerbsarbeit bedeutet, einer Arbeit nachzugehen, die ein ausreichendes Einkommen sichert, um die Dinge, die man zum Leben braucht, kaufen zu können. Erwerbstätigkeit bietet einem Menschen zumeist einen sinnvollen und befriedigenden Lebensinhalt.

Um eine Erwerbsarbeit zu finden, muss eine Person Fachwissen, Kompetenzen oder spezifische Fähigkeiten besitzen, die von einem anderen Menschen gebraucht werden und für die er bezahlt. Fachwissen, Kompetenzen und Fähigkeiten können auf verschiedene Weise erworben und entwickelt werden. Manche Menschen besuchen eine Hochschule, ein Berufsbildungszentrum oder ein anderes Ausbildungsinstitut; andere bewerben sich um einen Ausbildungsplatz, und wieder andere beginnen eine ungelernte Tätigkeit in einer Anfangsposition, die zuerst nur wenige berufliche Fertigkeiten erfordert und wo sie sich im Laufe der Zeit eventuell weiterentwickeln können.

Die Aufnahme einer Erwerbsarbeit wird u. a. erleichtert, wenn am Arbeitsplatz und im Umfeld auf die Besonderheiten autistischer Menschen Rücksicht genommen wird (Bundesverband autismus Deutschland, 2008) z. B. durch:

- ➢ individuelle Gestaltung des Arbeitsplatzes;
- ➢ Hilfestellung bei der sozialen Integration ins betriebliche Gefüge;
- ➢ Toleranz von Vorgesetzten und Kollegen gegenüber abweichendem Verhalten;

➢ Sicherstellung einer langfristig gewährleisteten Beratung und Unterstützung in Konflikt- und Krisensituationen.

Bevor man eingestellt wird, muss man dem potenziellen Arbeitgeber demonstrieren, dass man ein bestimmtes Fachwissen und die erforderlichen Kompetenzen oder Fähigkeiten besitzt. Dafür gibt es verschiedene Möglichkeiten: Für gehobene berufliche Positionen ist es normalerweise ausreichend, einen Universitätsabschluss, berufsrelevante Zulassungen und Zeugnisse sowie Referenzen von Personen vorzuweisen, die mit der Qualität Ihrer Arbeit vertraut sind, um Ihre Befähigung zu demonstrieren. Bei Stellenangeboten für Bewerber mit oder ohne Ausbildung zeigen eine längere vorherige Anstellung, gute Zeugnisse sowie Referenzen einem potenziellen Arbeitgeber, dass Sie bestimmte Kompetenzen besitzen. Für jemanden, der ohne jegliche Erfahrung oder markttaugliche Kompetenzen in den Arbeitsmarkt einsteigen will, kann es sehr schwierig werden.

Die Herausforderung

> Ich bin Künstlerin und habe ein aussagekräftiges Portfolio. Ich arbeite freiberuflich, weil das für mich die beste Arbeitsform ist. Mir gefällt der Aspekt der Freiheit, d. h., dass ich über meine Arbeitszeiten selbst bestimmen kann, obwohl es nicht immer reibungslos gelaufen ist. Die ersten Jahre waren ein einziges Auf und Ab – entweder ich hatte zu viel oder zu wenig zum Leben. Wann immer ich einen Auftrag bekam, leistete ich gute Arbeit, und mein Einkommen war exzellent, aber ich erhielt eben nicht immer den ausgeschriebenen Job. Es war schwierig, weiter als bis zum Vorstellungsgespräch zu kommen. Ich habe AS. Ich habe enorme Schwierigkeiten, nonverbale Hinweise zu interpretieren, ich bin gehemmt, Blickkontakt ist sehr unangenehm, und mein emotionaler Ausdruck ist verhalten und eintönig. Ich komme bei Vorstellungsgesprächen einfach nicht „gut rüber“. Das Blatt wendete sich, als ich realisierte, dass ich meine Kompetenz vermarkten muss und nicht meine Persönlichkeit.
>
> *Janice*

PS: Janice ist eine begabte Künstlerin. Sie möchte freiberuflich arbeiten, weil es ihr mehr Flexibilität in ihrem Leben ermöglicht. Ein großer Nachteil dieser Arbeitsweise ist es, dass Aufträge zeitlich begrenzt sind. Wenn eine Arbeit beendet ist, muss sie sich eine neue suchen. Sie hat lange Zeit versucht, sich auf die klassische Art zu bewerben und Vorstellungsgespräche zu absolvieren, bis sie herausgefunden hat, dass sie ihre Kompetenz vermarkten musste und nicht ihre Persönlichkeit.

Mithilfe von technisch begabten Freunden hat sie ein erstaunliches digitales Portfolio zusammengestellt, das ihre Stärken hervorhebt und ihre Schwächen minimiert. Ihr Portfolio beinhaltet außerdem eine Art Selbstoffenbarung über ihr Leben mit AS, die wie ein Kurzfilm gestaltet ist. Auf diese Weise hilft sie dem potenziellen Auftraggeber, „in einem autistischen Kontext zu denken" (Betts & Patrick, 2006). Diese Vorgehensweise ist immer sehr gut angekommen.

Die Erklärung

In jedem Land liegt der Prozentsatz von angestellten Erwachsenen mit Behinderung weit unter dem Prozentsatz von angestellten Erwachsenen ohne Behinderung. Erwachsene mit einer Behinderung sind benachteiligt bei der Suche nach einer Vollzeitbeschäftigung, aber es ist nicht gänzlich unmöglich, diese zu finden. Menschen wie Janice müssen in unüblichen und ungewohnten Bahnen denken und ihr Problem auf innovative Weise lösen.

Janice hat früh in ihrem Erwachsenenleben festgestellt, dass sie nicht fähig ist, in einem klassischen Arbeitsumfeld zu arbeiten, und sie für das freiberufliche Arbeiten besser geeignet ist. Sie hat ihre persönliche künstlerische Begabung zu einem markttauglichen Produkt entwickelt. Sie hat etwas länger gebraucht, um zu merken, dass sie auch potenziellen Kunden auf eine innovative Art und Weise begegnen muss. Sie hat die Erfahrung gemacht, dass ihre Methode, potenziellen Kunden ein elektronisches Portfolio mit ihren Arbeiten und mit Informationen über ihre Behinderung zu übergeben, die Anzahl ihrer Aufträge erhöht.

Die Lösung

Es bedarf viel Planung, um auf einem begrenzten Arbeitsmarkt eine Erwerbstätigkeit zu finden. Sie müssen kreativ sein und in ungewohnten Bahnen denken.

1. Bestimmen Sie Ihre Interessen und Talente. Eine Berufsberatung und -einschätzung kann dabei hilfreich sein.
2. Finden Sie Möglichkeiten, um Ihr Fachwissen zu erhöhen, neue Fertigkeiten zu erlernen und Fähigkeiten auszubauen, die mit Ihren Stärken und Interessen zusammenhängen. Man kann z. B. durch ein Fernstudium und

Online-Kurse lernen, falls es ein Problem darstellt, zu einer externen Einrichtung zu fahren.
3. Überlegen Sie sich, welche Produkte und/oder Dienstleistungen Sie auf der Grundlage Ihres Wissens und Ihrer Kompetenz anderen Menschen anbieten könnten.
4. Bestimmen Sie Wege, wie Sie Ihr Wissen und Ihre Kompetenz vermarkten können. Sie können als Unternehmer in Eigenverantwortung oder als Angestellter arbeiten. Wenn Sie in einem traditionellen Umfeld arbeiten möchten, erhöht eine gute Selbsteinschätzung Ihres Fachwissens und Ihrer Kompetenz die Chancen, eingestellt zu werden.
5. Wenn Sie keinen traditionellen Arbeitsplatz bevorzugen, suchen Sie alternative Möglichkeiten Ihre Dienstleistungen und/oder Produkte via Internet oder auf dem Postweg anzubieten.

„Die Stelle behalten“

Der Aspekt „die Stelle behalten“ bezieht sich auf eine kontinuierliche Beschäftigung an dem von Ihren bevorzugten Arbeitsplatz. Eine dauerhafte Festanstellung hat viele Vorteile, z. B. die Möglichkeit, Beförderungen und Gehaltserhöhungen zu erhalten, größere Vertrautheit mit der Arbeit, dem Arbeitsumfeld und den Mitarbeitern, eine erhöhte finanzielle Sicherheit sowie die Sicherheit, nicht ständig nach einer neuen Stelle suchen zu müssen.

Eine Festanstellung dauerhaft zu behalten, erfordert spezielle Kompetenzen, die über Ihren eigentlichen Aufgabenbereich hinausgehen: die Einstellung zur Arbeit, Werte, interpersonelle Kompetenzen, ethische Grundsätze und Produktivität. Die genauen Regeln und Anforderungen variieren je nach Beruf und Arbeitsplatz, aber es werden allgemeine Verhaltensweisen vorausgesetzt, die in den meisten Fällen gelten.

Arbeitgeber verlangen von ihren Angestellten eine gute Arbeitseinstellung. Der Begriff umschreibt, wie Sie sich während der Arbeit verhalten, und umfasst Pünktlichkeit, regelmäßiges Erscheinen, keine Schimpfwörter oder obszöne Sprache, auf Details zu achten, ein gutes Benehmen, Kollegialität und konzentriertes Arbeiten. Zu einer schlechten Arbeitseinsellung gehören Unpünktlichkeit, unentschuldigtes Fehlen, aggressives Verhalten und aggressive Sprache, schwache Produktivität und eine mangelnde Sozialkompetenz. Eine schlechte Arbeitseinstellung kann zu Entlassung führen.

„Werte“ sind Einstellungen, Ansichten, Sitten und Gebräuche, die von Menschen sehr geschätzt werden. Sie bilden oft das Fundament, auf dem Entscheidungen getroffen werden. Obwohl wir zumeist denken, dass Wertvorstellungen etwas Persönliches und Privates sind, sollte man wissen, dass

Werte auch am Arbeitsplatz existieren, dazu gehören der Wunsch Ihres Arbeitgebers, kreative Ergebnisse sowie eine selbstständige Arbeitshaltung zu sehen; Ihr Interesse am Erfolg und am Prestige der Firma; Ordnung und Sauberkeit; Ihre positiven Beiträge zur Atmosphäre am Arbeitsplatz; Ihre Bereitschaft, einen Vorgesetzten zu akzeptieren; Ihre Bereitschaft zur Teamarbeit. An einem Arbeitsplatz gelten bestimmte Wertvorstellungen, auf deren Basis Entscheidungen getroffen werden, einschließlich der Einstellungen und Entlassungen.

Kommen Menschen zusammen, besteht immer die Möglichkeit, dass es zu Konflikten über die Wertvorstellungen kommt. Arbeitgeber zeigen zwar gegenüber den Differenzen unter Arbeitskollegen ein gewisses Verständnis, jedoch können dauerhafte Konflikte über die unterschiedliche Wertvorstellungen zu schlechten zwischenmenschlichen Beziehungen führen, die Entlassungen provozieren. Um Ihre Stelle zu behalten, ist es daher wichtig, dass Sie die Wertvorstellungen, die an Ihrem Arbeitsplatz herrschen, erkennen und sich diesen so gut wie möglich anpassen.

Der Begriff „interpersonelle Kompetenzen am Arbeitsplatz“ bezieht sich auf Ihre Fähigkeit, mit Ihren Vorgesetzten, Kollegen und Ihnen untergeordneten Mitarbeitern gut auszukommen. Im Allgemeinen wird erwartet, dass Angestellte den Anordnungen ihrer Vorgesetzten folgen. Es wird weiter erwartet, dass sie sich gegenüber ihren Kollegen freundlich sowie kooperativ verhalten, und sie sollen hilfsbereit, fair, höflich und selbstbewusst gegenüber ihren untergeordneten Mitarbeitern auftreten.

„Ethische Grundsätze“ beziehen sich auf die Überzeugungen und Einstellungen einer Person bezüglich „richtig“ und „falsch“. Ethisches Verhalten basiert auf unseren Überzeugungen. Es gibt sowohl persönliche als auch gemeinsame ethische Grundsätze. Beispiele dafür am Arbeitsplatz sind Überzeugungen, die mit Ehrlichkeit, Fairness, Gerechtigkeit, Hilfsbereitschaft, dem Wert von anderen und dem Wert von Arbeit zu tun haben.

„Produktivität“ bedeutet, in welchem Maße Sie für den Arbeitserfolg der Firma nützlich sind, also ob Sie Ihre Arbeit angemessen oder überdurchschnittlich gut ausführen bzw. ob Sie gleichbleibend im Einklang mit den Arbeitsanforderungen, denen Sie zugestimmt haben, arbeiten und produzieren. Der Begriff Produktivität kann sich auf die Herstellung einer bestimmten Anzahl von Produkten beziehen oder auf die Gesamtanzahl getätigter Verkäufe oder auf das Niveau und Ausmaß von Kreativität. Die Bedeutung der Produktivität und die Anforderungen an sie variieren in den einzelnen Berufen. Das sollte im Arbeitsverhältnis unbedingt frühzeitig besprochen und wiederholt geklärt werden, da ein Mangel an Produktivität oft als Entlassungsgrund angegeben wird.

Die Herausforderung

> Vor drei Monaten habe ich mit diesem Job angefangen. Ich habe gerade meine erste Bewertung erhalten, und sie ist nicht sehr gut. In diesem Unternehmen muss ich mindestens eine befriedigende Bewertung erhalten, um eine Festanstellung zu bekommen. Ich brauche diesen Job wirklich, weil ich ansonsten fast alle Brücken hinter mir abgebrochen habe. In der Bewertung steht, dass ich keinen guten Teamgeist besäße und mein äußeres Erscheinungsbild „nicht ordentlich“ sei. Ich war noch nie Mitglied eines Teams, und generell ziehe ich es vor, allein zu arbeiten. Andere Menschen halten mich auf. In Bezug auf meine äußere Erscheinung finde ich, dass ich ganz okay aussehe. Vor diesem Job war ich sechs Monate lang arbeitslos, und ich habe nicht das Geld, mir einen neuen Anzug zu kaufen. Für mein Aussehen tue ich mit meinen begrenzten Mitteln das Beste, was ich kann. Außerdem ist das nun mal meine Art, mich selbst auszudrücken.
>
> *Taylor*

Die Erklärung

Viele Teenager und Erwachsene mit AS sind erwerbslos oder unterbeschäftigt. Das bedeutet, dass sie keine Erwerbsarbeit haben oder in einer Position arbeiten, die unter ihren Möglichkeiten liegt, dass sie weniger Stunden als andere arbeiten oder weniger gut bezahlt werden. Die Gründe einer Arbeitslosigkeit oder Unterbeschäftigung variieren natürlich bei jedem Einzelnen, aber tendenziell haben sie mit Arbeitseinstellung, interpersonellen Schwierigkeiten oder mit dem Thema Produktivität zu tun.

Wie bereits an anderer Stelle beschrieben, tendieren Menschen mit AS dazu, ehrlich zu sein, und sie mögen feste Gewohnheiten. Redlichkeit und Routine sind im Prinzip Teil einer guten Arbeitseinstellung, die Praxis sieht jedoch komplizierter aus, denn nicht überall sind Mitarbeiter erwünscht, die rigide und unnachgiebig an ihren Grundsätzen festhalten. Das kann dazu führen, dass manche Menschen als potenziell problematisch eingestuft werden, weil sie vielleicht Dinge weitersagen, die andere geheimhalten möchten, d. h., sie werden als „Informanten“ betrachtet.

Mangelnde Konzentrationsfähigkeit, schwache organisatorische Fähigkeiten und sensorische Herausforderungen können die Produktivität beeinträchtigen. Ein Arbeitgeber interpretiert das möglicherweise als schlechte Arbeitshaltung, denn als persönliche Schwierigkeiten. Mangel an Verständnis vonseiten des Arbeitgebers kann zur Entlassung führen. Die wichtigste und effektivste Strategie, um Missverständnissen in den oben beschriebenen Bereichen vorzubeugen, ist es, dem Arbeitgeber persönliche Informationen zu geben.

Für einen Menschen mit einer Behinderung, kann die Selbstoffenbarung sehr viel dazu beitragen, Verständnis zu wecken und ein gutes Verhältnis zum Arbeitgeber aufzubauen, was auch vor einer Entlassung schützen kann, sollten einmal Probleme auftreten.

Die Lösung

In Ihrem Arbeitsumfeld ist ein proaktives Verhalten wichtig. Proaktive Vorgehensweisen sind z. B. die Selbstoffenbarung Ihrer Behinderung gegenüber Ihrem Arbeitgeber sowie die Bitte, dass Ihr Arbeitgeber spezielle Hilfsmaßnahmen zur Verfügung stellt, die die Wahrscheinlichkeit erhöhen, dass Sie sich erfolgreich einarbeiten und produktiv sein werden. Ihre Wünsche müssen natürlich vom Arbeitgeber als realistisch angesehen werden, und das hängt auch von Ihrem Beruf und dem Arbeitsplatz ab.

Sie möchten erreichen, dass Ihr Arbeitgeber lernt, „in einem autistischen Kontext zu denken" (Betts & Patrick, 2006), d. h., die Dinge aus Ihrer Perspektive zu sehen. Wenn dieses Ziel erreicht ist, gibt es viel weniger Missverständnisse, und sollte es dennoch dazu kommen, werden sie schneller geklärt.

Unterstützende Maßnahmen am Arbeitsplatz sind z. B.:

- technische Hilfsmittel, die speziell an Ihre Arbeit angepasst sind. Die Kosten sind im Allgemeinen geringfügig, aber die Vorteile können gewaltig sein. Lesen Sie mehr über technische Hilfsmittel für Teenager und Erwachsene im Kapitel 6 „Hilfsmittel/-maßnahmen";
- ein Coach, Mentor oder Kollege, den Sie ansprechen können, um ohne Angst vor negativen Konsequenzen Fragen zu stellen und zu klären. Eine solche Vertrauensperson kann zusätzliche Erkenntnisse, Ratschläge und Ermutigung in den Bereichen Kommunikation und zwischenmenschliche Beziehungen geben;
- ein Plan, um etwaige Konflikte mit Mitarbeitern zu bewältigen;
- ein geheimes Signalsystem, das Sie verwenden können, um Ihrem Vorgesetzten, Mentor und/oder Ihren Kollegen mitzuteilen, dass Sie eine Pause benötigen;
- ein allgemeiner Plan mit unterstützenden Maßnahmen, der bei Bedarf verändert werden kann.

6. Hilfsmittel/-maßnahmen

In diesem Kapitel werden die Hilfsmöglichkeiten, die zum Teil bereits im Buch erwähnt worden sind, detaillierter beschrieben. Zur besonderen Hilfestellung gehören technische Hilfsmittel, direkte Instruktion, aufmerksames Zuhören, modifizierter Blickkontakt, Änderungsstrategien, Listen, Notizen, Rollenspiele, Drehbücher, Selbsteinschätzung, Selbstbestimmung und Selbstoffenbarung.

Technische Hilfsmittel

Zu den „technischen Hilfsmitteln" zählt ein breites Spektrum an Geräten und Möglichkeiten, die Menschen mit Behinderungen helfen, unabhängiger, leistungsfähiger und erfolgreicher in den Bereichen Selbstfürsorge, selbstständiges Wohnen, Sozialleben, Organisation, Ausbildung und Erwerbsarbeit zu sein.

Sie können in drei Kategorien unterteilt werden: einfache, etwas komplexere und hochkomplexe Hilfsmittel. Einfache sind im Allgemeinen leicht zu bedienen, preiswert, überall erhältlich, und sie erfordern wenig oder keine besonderen Vorkenntnisse für die Anwendung. Komplexere Hilfsmittel sind in der Anwendnung schwieriger und meist etwas teurer. Hochkomplexe Geräte sind tendenziell teurer und erfordern häufig ein spezielles Training, um sie anwenden zu können.

Einfache Hilfsmittel

- Selbstklebende Notizzettel und Textmarker dienen dazu, wichtige Wörter oder Abschnitte in einem Text zu markieren.
- Eine Schreibhilfe kann bei feinmotorischen Schreibschwierigkeiten helfen.
- Auf einem Computer erstellte und ausgedruckte Diagrammblätter und Rastergitter helfen, Zahlen anzuordnen, wenn Sie mit mathematischen Berechnungen arbeiten.
- Bücher zur Kommunikationshilfe, in denen mit Worten, Symbolen oder Bildern häufig verwendete Mitteilungen dargestellt werden, können helfen, in neuen oder Stress auslösenden Situationen verbal und nonverbal zu kommunizieren.

- Durch die Verwendung von Stoppuhren kann man genau herausfinden, wie lange eine bestimmte Aktivität dauert, was dabei hilft, Zeitvorgaben einzuhalten.
- Sitzkissen und individuell angepasste Stühle unterstützen eine korrekte Sitzhaltung, die wichtig ist, um Arme und Hände effektiv einzusetzen. Sie fördern die Aufmerksamkeit, weil sie beruhigend wirken.
- Eine Kiste mit individuell zsammengestellten Gegenständen, die die Sinne beruhigen. Beispiele für den Inhalt: ein dickes Gummiband, ein Klettband, ein Anti-Stress-Ball, Zitronenbonbons, Handcreme (mit oder ohne Duft), Knetmasse, Kaugummi, Ohrstöpsel oder Kopfhörer.

Komplexe Geräte

- Kassettenrekorder oder andere Diktiergeräte ermöglichen es, Mitteilungen und Informationen aufzunehmen, damit man sie später, zu einem besser geeigneten Zeitpunkt, anhören kann.
- Hörtrainingsgeräte können nützlich sein für Menschen, die Schwierigkeiten haben, Hintergrundgeräusche von der Stimme oder anderen Geräuschen, die sie hören möchten, zu trennen. Dabei werden die Hörtrainingsgeräte nicht zur Verstärkung verwendet, sondern um externe Geräusche herauszufiltern.
- Elektronische Planer können Menschen helfen, die Schwierigkeiten haben, ihre Termine und Aufgaben im Kopf zu behalten.
- Auch tragbare elektronische Wörterbücher sind nützlich. „Sprechende" Wörterbücher können für Personen mit Lese- oder Buchstabierschwierigkeiten sogar noch besser sein.

Hochkomplexe Hilfsmittel

- Tastaturen gibt es in vielen Größen und Formen, mit großen oder kleinen Tasten, jeweils passend für eine Person mit speziellen motorischen Schwierigkeiten. Programmierbare Tastaturen erreichen einen noch größeren Kundenkreis.
- Digitale Whiteboards (elektronische Tafeln) ermöglichen es, alles zu speichern und zu drucken, was auf ein Whiteboard geschrieben wurde. Das hilft Schülern und Studenten, die Schwierigkeiten haben, von der Tafel abzuschreiben.
- Mit spezieller Text-to-Speech-Software kann der Computer als eine Art Vorleseautomat benutzt werden, sehr hilfreich für Menschen mit Lese- oder Augenschwierigkeiten.

- Sprachsynthese-Software kann auch ein „sprechendes“ Feedback geben, was es erleichtert, die Rechtschreibung und grammatikalische Fehler zu korrigieren.
- Mit Spracherkennungssoftware kann eine Person in ein an den Computer angeschlossenes Mikrofon sprechen, woraufhin die Mitteilung in Textform auf dem Bildschirm erscheint. Für diese Software ist ein umfassendes Training für den Benutzer und für den Computer erforderlich, um beide aufeinander abzustimmen.
- Grafische Vorlagen in elektronischer Form ermöglichen es Lehrern, Schülern und Studenten, ein Brainstorming durchzuführen, Ideen anzuordnen und sich diese Informationen in verschiedenen Formaten anzusehen, z. B. als Kurzdarstellung oder in Form von Schaubildern. Diese visuelle Illustration von Informationen kann ein nützliches Werkzeug zum Planen sein. Grafische Organisatoren können auch am Arbeitsplatz verwendet werden.
- Elektronische Mathematik-Schablonen sind nützlich für Menschen, die mit der Handschrift Schwierigkeiten haben. Die Software ordnet die Zahlen korrekt an und ermöglicht es, Grundrechenarten wie Multiplikation und Division am Computer durchzuführen.

Direkte Instruktion

Die direkte Instruktion (Frontalunterricht) beschreibt in der Pädagogik eine Lehrmethode, die auf fundierter und sorgfältig geplanter Anleitung basiert und auf kleinere Lerneinheiten und klar definierte und vorgegebene Lernaufgaben zurechtgeschnitten wird. Diese Methode wird von einer Lehrperson vermittelt und hat sich bei Kindern, Teenagern und Erwachsenen, die mit Behinderungen leben, als erfolgreich erwiesen.

Angeleitete Unterrichtsmethoden sind erwiesenermaßen bei allen Menschen erfolgreicher als nicht oder minimal angeleitete Methoden, obwohl die weniger geleiteten Ansätze bei den Lernenden beliebter sind (Kirschner, Sweller & Clark, 2006).

Der Vorteil von direkter Instruktion verringert sich erst dann, wenn Lernende bereits über ein ausreichend hohes Vorwissen im betreffenden Bereich verfügen und nur noch minimaler Anleitung bedürfen, um in die richtige Richtung gelenkt zu werden. Da Behinderungen oft die Lernfähigkeit beeinträchtigen, ist der Ansatz der direkten Instruktion überaus wichtig für den Lernprozess.

Aufmerksames Zuhören

Vielen Menschen fällt es schwer, aufmerksam zuzuhören, aber für Teenager und Erwachsene mit AS ist es besonders schwierig. Die gute Nachricht, man kann die spezifischen Fertigkeiten des aufmerksamen Zuhörens erlernen.

Beim aufmerksamen Zuhören schenken Sie Ihrem Gegenüber Ihre volle Aufmerksamkeit, das heißt, Ihr ganzer Körper ist dem Sprecher zuwendet (Bolton, 1979).

Aufmerksames Zuhören ist eine ausgewogene Mischung zwischen Wachsamkeit und Entspannung, die Körperbewegungen, Blickkontakt und Körperhaltung beinhaltet. Wenn man jemandem die volle Aufmerksamkeit schenkt, signalisiert man ihm, dass das, was er sagt, sehr wichtig ist und dass man als Zuhörer vollkommen präsent ist in der Absicht, den anderen zu verstehen. Eine mögliche Körperhaltung, die dies ausdrückt, enthält folgende Elemente:

- Man lehnt sich etwas in die Richtung des Sprechers vor.
- Man schaut die andere Person direkt an.
- Man nimmt eine offene Haltung mit unverschränkten Armen ein.
- Man hält eine angemessene Distanz zum Sprecher.
- Man führt in angemessenen Momenten Körperbewegungen aus, um dem Sprecher zu antworten, z. B. durch Kopfnicken oder einen bestimmten Gesichtsausdruck.

Beim aufmerksamen Zuhören ist es wichtig, sich der nonverbalen Mitteilungen des Sprechers bewusst zu sein. Achtet man auf die Körpersprache, gelangt man zu Einsichten darüber, was und wie intensiv die Person fühlt. Besondere Achtsamkeit bezüglich der Körpersprache und der paralinguistischen Elemente vermittelt eine gute Ahnung davon, worüber der Sprecher gerade kommuniziert.

Aufmerksames Zuhören bedeutet, sowohl die Worte als auch die Gefühle des Sprechers zu erfassen. Um den ganzen Umfang der Kommunikation zu begreifen, muss man fähig sein, sowohl das zugrundeliegende Gefühl als auch den Inhalt der Mitteilung zu verstehen. Oft fühlt man sich mit dem inhaltlichen Aspekt wohler als mit dem emotionalen Teil, besonders dann, wenn es sich um intensive Gefühle handelt. Für einen Menschen mit AS ist es sogar noch komplizierter, weil er möglicherweise gar nicht in der Lage ist, die Gefühle richtig zu interpretieren. Sollte das bei Ihnen der Fall sein, kann Ihnen der nächste Schritt des aufmerksamen Zuhörens sehr helfen.

Zu einem Gespräch gehört auch der Prozess des reflektierenden Zuhörens. Reflektierendes Zuhören oder Antworten meint in seinen eigenen Worten das Gefühl oder die Aussage des Sprechers neu zu formulieren. Indem man dem Sprecher das widerspiegelt, was man glaubt, verstanden zu haben, vermittelt man ihm ein Gefühl der Bestätigung. Er macht so die Erfahrung, gehört und anerkannt zu werden. Außerdem erhält der Sprecher dadurch Gelegenheit, sein Feedback zur Genauigkeit der Wahrnehmung des Zuhörers zu geben, was die Effektivität der gesamten Kommunikation erhöht.

Aufmerksames Zuhören verlangt außerdem, verbale und nonverbale Kommunikationshindernisse zu vermeiden.

Verbale Möglichkeiten, ein Gespräch zu zerstören oder zu beenden:

- eine Person angreifen, indem man sie verhört, kritisiert, beschämt oder ihr Schuld zuweist;
- einer Person Vorwürfe machen („Du hast dies und jenes getan ...“);
- Moralpredigten halten;
- dem Sprecher unerwünschte Diagnosen und Ratschläge erteilen;
- Machtdemonstrationen durch Forderungen, Befehle, Drohungen oder durch Bestimmenwollen, oder
- andere verbale Äußerungen wie Schreien, Beschimpfen oder die Weigerung zu sprechen.

Nonverbale Möglichkeiten, ein Gespräch zu zerstören oder zu beenden können sein:

- laufend mit den Augen rollen;
- zu schnelle oder zu langsame Gesten;
- Gesten, die ein übertriebenes „Genervtsein“ ausdrücken;
- nach vorn gebeugt oder zu nah am Gesprächspartner sitzen, seine Grenzen nicht respektieren;
- mangelhafte persönliche Körperpflege;
- beim Gespräch herumkritzeln;
- Menschen anstarren oder Blickkontakt vermeiden;
- übermäßig mit Materialien und Gegenständen herumfuchteln.

Für Menschen mit AS kann es schwierig sein, einige der nonverbalen Möglichkeiten zu verhindern, wie das Vermeiden von direktem Blickkontakt und das übermäßige Herumfuchteln mit Materialien oder Gegenständen. Wenn direkter Blickkontakt ein Problem darstellt, üben Sie den modifizierten Blickkontakt als Alternative.

Modifizierter Blickkontakt

Wenn Ihnen normaler Blickkontakt schwerfällt, ist der modifizierte Blickkontakt eine Möglichkeit für Sie, mit einer anderen Person über die Augen Kontakt aufzunehmen. Schauen Sie am Gesicht der anderen Person vorbei oder rund um das Gesicht herum, schauen Sie dann für einen kurzen Moment direkt ins Gesicht und in die Augen Ihres Gegenübers, danach sehen Sie wieder seitlich am Gesicht vorbei. Bei einem Blickkontakt schaut man normalerweise direkt in die Augen eines anderen Menschen. Das ist in der Regel für Menschen mit AS schwierig und kann große Angst auslösen. Hier bietet der modifizierte Blickkontakt eine gute Alternative.

Durch den Blickkontakt vermittelt man einer anderen Person, dass man sie sieht und anerkennt, ihr Aufmerksamkeit schenkt und sie grundsätzlich wichtig nimmt. Wenn der Blickkontakt bei einer sozialen Interaktion fehlt, fühlt sich die Person oft abgelehnt oder vernachlässigt. Die sozialen Bedürfnisse dieser Person werden dann vom Zuhörer nicht erfüllt. Der Zuhörer mit AS befindet sich im Dilemma, da für ihn direkter Blickkontakt unangenehm ist. Modifizierter Blickkontakt wäre hier die beste Lösung. Dadurch erhält der Kommunikationspartner, was er braucht; er fühlt sich gesehen und anerkannt, ohne dass für den Teenager oder Erwachsenen mit AS zu viel Stress entsteht.

Änderungsstrategien

Mit Änderungsstrategien kann man Missverständnisse in Gesprächen korrigieren. Der erste Schritt zur Erkenntnis, dass ein Missverständnis vorliegt, fällt vielen Teenagern und Erwachsenen mit AS schwer, da gerade die Schwierigkeiten, nonverbale Kommunikation wie Mimik und Gestik zu erkennen und zu interpretieren, einen erheblichen Teil der AS-Symptomatik ausmachen.

Der beste Weg, Missverständnisse zu erkennen, ist es, den Gesichtsausdruck und die Körpersprache des Zuhörers genau zu beobachten, während Sie reden. Um die etwaige Verwirrung des Zuhörers wahrzunehmen, schauen Sie ihm direkt in die Augen, oder wenn Ihnen das zu unangenehm ist, wenden Sie die Strategie des modifizierten Blickkontaktes an, um Ihren Kommunikationspartner öfter einmal „abzuschätzen". Erscheint er verwirrt oder verdutzt oder hat er einen fragenden Gesichtsausdruck, fragen Sie nach, ob es ein Problem gibt. Das ermöglicht ein frühzeitiges Erkennen von Missverständnissen, und selbst wenn keine Fehlkommunikation vorliegt, zeigt es, dass Sie als Sprecher der anderen Person gegenüber achtsam sind. Wenn man auf die Bedürfnisse von anderen achtet, wird das generell als positive soziale Charaktereigenschaft betrachtet. Machen Sie einen Fehler, ist es immer gut, sich zu entschuldigen, z.B. mit dem Satz: „Entschuldigung, ich habe das Gefühl, es gibt ein Problem."

Zu den Änderungsstrategien gehört z.B. auch, dass Sie Ihre Bemerkungen überdenken, um sicherzugehen, dass Sie das Gesagte auch so gemeint haben, und gegebenenfalls die Bemerkung neu formulieren, sodass die Worte Ihre Gedanken besser ausdrücken. Sie können auch die andere Person fragen, wie sie Ihre Bemerkung aufgefasst hat. An dieser Stelle können Sie sich gegebenenfalls für die Missverständnisse entschuldigen und es noch einmal in einem neuen Anlauf versuchen, zu erklären, was Sie genau gemeint haben. Wenn Sie Ihr vorrangiges Ziel einer guten Kommunikation durch klares Sprechen und Zuhören nicht auf Anhieb erreichen, ist immer der nächstbeste Schritt, sich zu entschuldigen.

Listen

Listen, auf denen Dinge vermerkt werden, die noch zu erledigen sind, ermöglichen es Personen mit AS ihre Tagesabläufe besser zu planen und verschiedene Aufgaben zu bewältigen. Um das Beste aus dieser Strategie zu machen, befolgen Sie unbedingt diese Schritte:

1. Bestimmen Sie, welche wichtigen Dinge Sie erledigen müssen.
2. Legen Sie für Ihre Aufgaben die bestmögliche Reihenfolge fest.
3. Verbinden Sie, wann immer möglich, Aufgaben auf Ihrer Liste, um den besten Nutzen aus Ihrer Zeit zu gewinnen. Lesen Sie beispielsweise Ihre E-Mails, während Ihre Kleidung im Wäschetrockner trocknet, oder überdenken Sie den Ablauf des Vormittags, während Sie duschen.
4. Erledigen Sie, was auf Ihrer Liste steht, und übertragen Sie jede Aufgabe, die Sie nicht erledigt haben, auf eine neue Liste für den nächsten Tag. Streichen Sie eine Aufgabe durch, wenn Sie sie erledigt haben.

Denken Sie immer daran, sich wirklich alle Dinge am besten sofort aufzuschreiben. Versuchen Sie nicht alles, was Sie erledigen müssen, im Kopf zu behalten, das gelingt nur wenigen Menschen. Planen Sie weit voraus. Warten Sie nicht bis zur letzten Minute, bevor Sie Ihre Liste schreiben. Setzen Sie sich selber Fristen und halten Sie diese auch ein. Stellen Sie Prioritäten auf, indem Sie die wichtigsten Dinge an die oberste Stelle schreiben. Um zu entscheiden, was wirklich wichtig ist, sollten Sie die Meinung von anderen einbeziehen. Beispielsweise finden Sie es vielleicht nicht wichtig, Ihren Stundenzettel auf der Arbeit auszufüllen, aber Ihr Vorgesetzter hält dies unter Umständen für die wichtigste Aufgabe des Tages. In diesem Fall müssen Sie sich der Ansicht Ihres Vorgesetzten anschließen.

Seien Sie sowohl konzentriert als auch flexibel. Machen Sie sich die Verwendung von Listen zu Ihrer Gewohnheit, aber werden Sie nicht zum Sklaven Ihrer Listen. Erlauben Sie sich, beim Abarbeiten Dinge nach Bedarf zu verändern. Listen werden Ihr Leben vereinfachen und Ihnen helfen, sich weniger gestresst zu fühlen. Eine gute Grundregel lautet: Planen Sie Ihre Arbeit, verwirklichen Sie Ihren Plan, und lassen Sie Raum für das Unerwartete!

Notizen

Sich überall bei Gelegenheit kurze Notizen zu machen, ist ein sehr wichtiger Prozess für den Teenager oder Erwachsenen mit AS, weil durch die Aufzeichnung der Beobachtungen und Überlegungen das eigene soziale Verständnis wächst. Notizen kann man sich auf der Arbeit, in der Schule und im Alltag machen. Um das Beste aus diesem Hilfsmittel herauszuholen, sollte man sich eine gute Methode zurechtlegen. Hier sind einige Tipps:

- Notieren Sie nur wichtige Dinge; achten Sie darauf, dass Sie den Namen und die Rolle des Sprechers sowie das Datum aufschreiben.
- Verwenden Sie Ihre eigenen Worte oder die Worte des Sprechers, was auch immer Ihnen leichter fällt.
- Schreiben Sie in Sätzen, die so kurz wie möglich sind.
- Achten Sie besonders auf einleitende und zusammenfassende Kommentare.
- Achten Sie besonders auf Schlüsselworte und vor allem auf Zahlen.
- Überspringen Sie Beispiele, es sei denn, sie werden benötigt, um den jeweiligen zugrundeliegenden Gedanken zu verstehen.
- Verwenden Sie so viele, Ihnen verständliche Abkürzungen wie möglich.
- Lassen Sie eine Lücke im Text stehen, wenn Ihnen etwas entgangen ist; fragen Sie später nach.
- Notieren Sie Zeitangaben, Arbeitsverfahren, Diagramme und Schaubilder.
- Setzen Sie Ihre eigenen Kommentare und zusätzliche Fragen in Klammern dahinter.

Rollenspiele

Rollenspiele sind eine Lehrmethode, die den Umgang mit verschiedenen sozialen Situationen spielerisch übt (Betts & Patrick, 2006). Bei einem Rollenspiel agieren zwei oder mehr Personen auf der Grundlage eines Drehbuches, um neue Kompetenzen zu erlernen. Die Drehbücher sind in der Regel hypothetisch und geben den Teilnehmern die Gelegenheit, verschiedene Rollen zu übernehmen, die das Verständnis hinsichtlich Wertvorstellungen und Haltungen anderer Menschen erweitern.

Skripte/Drehbücher

Mit einem Drehbuch können Sie Ihre Konversation proben, bevor Sie mit einer anderen Person tatsächlich sprechen. Das kann Ihr Selbstvertrauen hinsichtlich des zukünftigen Gesprächs stärken. Ein Skript stellt die Konversation zwischen einem Sprecher und einem Zuhörer dar. Wenn sich ein Drehbuch bewährt hat, kann es für verschiedene Zwecke verändert werden. Ein Skript ist zuerst ein externes Hilfsmittel, durch häufiges Üben wird es jedoch verinnerlicht. Denken Sie beim Verfassen eines Drehbuches daran, dass Sie Fragen vorbereiten, die ausführlichere Antworten als nur „ja" oder „nein" erfordern. Die Fragewörter „wie", „warum" und „wo" sind dafür gut geeignet.

Sie können ein Drehbuch verfassen, das sich ausschließlich auf Ihre Interessen konzentriert, Sie können aber auch einen Teil einer Selbstoffenbarung einfügen. Selbstoffenbarung bedeutet, dass Sie anderen Menschen von Ihrer Behinderung erzählen, um bestimmte Verhaltensweisen oder Eigenarten zu erklären, die in Ihrer Kommunikation missverstanden werden könnten. In vielen Fällen hat Ihr Gegenüber bereits festgestellt, dass eine Verhaltensauffälligkeit vorliegt, weil es Menschen mit typischen sozialen Kompetenzen einfach leicht fällt, Probleme, die die Pragmatik betreffen, zu erkennen. Im Allgemeinen reagieren Menschen positiv, wenn sie den Grund für das Problem verstehen.

Selbsteinschätzung

Die Fähigkeit der Selbsteinschätzung ist für alle Menschen wichtig. Erst durch Selbsteinschätzung und Selbstüberprüfung können wir die Bereiche in unserem Leben erkennen, in denen Veränderungen notwendig sind. Für eine Person mit AS, die in ihren sozialen Beziehungen Veränderungen erzielen möchte, ist eine grobe Selbsteinschätzung eine gute Ausgangsbasis.

Selbsteinschätzung und -beurteilung wird in Organisationen, in Unternehmen und im Bildungssektor angewandt, um die eigenen Stärken und Schwächen herauszufinden. Einer Selbsteinschätzung sollte ein konkreter Verbesserungsplan folgen, der auch bestimmte Maßnahmen enthält, durch die die Fortschritte kontrolliert werden können.

Es gibt viele verschiedene Hilfsmittel für eine Selbsteinschätzung, z.B. Beurteilungsskalen, Checklisten, Frage- und Arbeitsbögen. In diesem Buch finden Sie eine Beurteilungsskala (siehe „Eine ehrliche Selbsteinschätzung" im Anhang „Arbeitsbögen"), mit der Ausgangswerte für die persönlichen Stärken und Schwächen bezüglich der spezifischen Verhaltensweisen, die für effektive soziale Interaktionen erforderlich sind, erstellt werden können. Diese Beurteilungsskala soll den Leser durch einen Prozess der Selbsteinschätzung führen. Die Skala ist nicht für diagnostische Zwecke gedacht. Anhand der Ergebnisse kann eingeschätzt werden, welche Bereiche der sozialen Interaktion zuerst bearbeitet werden sollten.

Selbstbestimmung

Selbstbestimmung ist für alle Menschen wichtig, ob mit oder ohne Behinderung, und ist unabhängig von der Art und Schwere der Behinderung.

> Selbstbestimmung bedeutet eine Kombination von Fähigkeiten, Fertigkeiten, Kenntnissen und Überzeugungen, die es einer Person ermöglichen, ein zielgerichtetes, selbstregulierendes und autonomes Verhalten zu demonstrieren. Ein Verständnis der eigenen Stärken und Einschränkungen sowie der Glaube an die eigenen Fähigkeiten und die eigene Effektivität sind wesentliche Aspekte der Selbstbestimmung. Wenn Personen auf der Basis dieser Fähigkeiten und Überzeugungen handeln, sind sie besser in der Lage, die Kontrolle über ihr Leben zu übernehmen und die Rolle von erfolgreichen Erwachsenen zu leben. (Field, Martin, Miller, Ward & Wehmeyer, 1998, S. 2)

Selbstbestimmung ist für jeden Menschen von Vorteil, wenn sie auf die Art und Weise angewandt wird, die den Bedürfnissen, Interessen und Zielen der betreffenden Person entspricht. Eine Person, die besondere Fördermaßnahmen benötigt, könnte beispielsweise ihre Selbstbestimmung dadurch ausdrücken, dass sie, nachdem sie sich mehrere Möglichkeiten angeschaut hat, eine Wohnform wählt, die ihren Bedürfnissen entspricht. Auf ähnliche Weise können Abiturienten ihre Selbstbestimmung zeigen, indem sie die Universität unter vielen auswählen, die ihren Interessen und Stärken entgegenkommt.

Das Wissen, die Kompetenzen und Überzeugungen, die die Selbstbestimmung möglich machen, werden von Menschen mit Behinderungen in der Regel nicht spontan erworben. Sie müssen sie durch direkte Instruktion und praktische Übungsmöglichkeiten erwerben. Dieser Prozess findet normalerweise in der Familie und in der Übergangsphase zwischen Schule und Berufsleben statt; die erforderlichen Kompetenzen und Grundkenntnisse können jedoch auch zu jedem anderen Zeitpunkt im Leben erlernt werden. Es ist nie zu spät, sich die entsprechenden Kompetenzen und Überzeugungen anzueignen.

Selbstbestimmung ermöglicht einem Menschen eine größere Kontrolle über sein Leben. Damit das erfolgreich verläuft, sollte man lernen gute Entscheidungen zu treffen. Notwendige spezifische Voraussetzungen für eine gute Entscheidungsfähigkeit im beruflichen Bereich sind z. B.:

- die Fähigkeit, sowohl für die nähere als auch für die weitere Zukunft vorauszuplanen;
- die Fähigkeit, die Kontrolle über das eigene Leben zu übernehmen;
- ein gesundes Selbstvertrauen;
- die Fähigkeit und Bereitschaft, Lebensformen und berufliche Möglichkeiten zu erforschen;
- die Bereitschaft, Fragen zu stellen und nach Lösungen zu suchen;

➢ die Bereitschaft, Hilfsangebote zu suchen und auch wahrzunehmen;
➢ die Bereitschaft, an angebotenen Aktivitäten der Schule oder anderen Anbietern teilzunehmen.

Die oben genannten Voraussetzungen sind ebenfalls wesentlich für die Entscheidungsfähigkeit im Bereich der Wohnsituation. Es ist also ein positiver Schritt in Richtung Ihrer größeren Unabhängigkeit, wenn Sie alle sieben Aspekte entwickeln.

Selbstoffenbarung

Erzählen Sie einer anderen Person, dass Sie mit einer Behinderung leben, öffnen Sie sich gegenüber dieser Person. Sicherlich ist es nicht immer leicht, zu entscheiden, wann es richtig ist, anderen davon zu erzählen, und wann nicht. Wenn man sich Verständnis vonseiten eines Lehrers oder Arbeitgebers wünscht, der dafür verantwortlich ist, besondere Hilfsmittel in der Schule oder am Arbeitsplatz zuzuweisen, wäre das ein guter Grund. Oder Sie erzählen es einem potenziellen Freund oder einer Freundin, der oder die Ihr Verhalten vielleicht besser verstehen und tolerieren könnte, wenn er oder sie wüsste, dass der Grund dafür in einer Behinderung liegt. Aber erzählen Sie nichts über sich, wenn Sie z. B. Angst vor Diskriminierung haben.

Für manche ist die Selbstoffenbarung kein Thema, weil ihre Behinderung offensichtlich ist, aber bei Menschen mit AS ist das nicht grundsätzlich der Fall. In den meisten Fällen ist AS eine unsichtbare Behinderung. Für Menschen mit deutlich sichtbaren Behinderungen stellt sich eher die Frage, wie viel sie von sich erzählen sollen. Das Dilemma für einen Teenager oder Erwachsenen mit AS besteht aber gerade darin zu entscheiden, ob er sich überhaupt offenbaren sollte, und wenn ja, in welchem Umfang.

Die Antwort auf diese Frage hängt von der Art einer Beziehung ab. Fällt die Beziehung in die Kategorie „Bekannte“ , wie ein Lehrer oder Arbeitgeber, könnten Sie z. B. nur die spezifische Diagnose und die Hilfsmaßnahmen, die Sie für die Bewältigung der schulischen oder beruflichen Anforderungen benötigen, nennen. In der Regel brauchen oder möchten Bekannte gar nicht genau wissen, wie Ihre persönlichen Schwierigkeiten gestaltet sind. Das würde den Rahmen dieser Beziehungsform sprengen.

Fällt eine Beziehung in die Kategorie „Freundschaft“ , können Sie im Laufe der Zeit detailliertere Informationen über Ihre Behinderung geben. Bei dieser Beziehungsform ist es eine Grundregel, dass man sich um den anderen kümmert, was die Wahrscheinlichkeit erhöht, dass man dem Freund oder der Freundin die betreffenden Informationen anvertrauen kann. Denken Sie daran, dass Menschen im Allgemeinen sehr tolerant gegenüber den Schwierigkeiten ihrer Freunde sind, aber sie sind normalerweise nicht bereit oder qualifiziert, als Therapeut zu fungieren. Es ist also besser, Sie teilen innerhalb einer Freundschaft auch nur die wesentlichen Elemente Ihrer Behinderung mit und bearbeiten die chronischen oder schweren Probleme zusammen mit einem Therapeuten.

In Gesprächen tauschen Freunde und Bekannte häufig persönliche Informationen aus, um mehr über den anderen zu erfahren und eine engere Verbindung aufzubauen. Ein Gesprächsteilnehmer erhält vom anderen manchmal dadurch Informationen, dass er direkte Fragen stellt oder persönliche Informationen preisgibt und hofft, dass die andere Person dann Ähnliches offenbart. Sie müssen immer für sich entscheiden, ob Sie sich mit den Fragen oder mit der Richtung eines Gesprächs wohlfühlen. Es ist vollkommen in Ordnung, wenn Sie eine persönliche Frage, bei der Sie sich nicht wohlfühlen, nicht beantworten oder die Richtung, in die die Unterhaltung geht, ändern.

Arbeitsbögen

Persönliche Selbsteinschätzung

Anleitung:
Kreuzen Sie bei jedem Satz das Kästchen vor der Beurteilung an, die am genausten beschreibt, wie Sie sich selbst einschätzen. Notieren Sie die Zahl, die jeweils hinter der Beurteilung steht, auf der Linie am Ende jeder Zeile.

Beispiel: Ich esse gern Pizza.
☒ Stimmt genau (4) ☐ stimmt (3) ☐ stimmt eher nicht (2) ☐ stimmt überhaupt nicht (1) 4

1. Ich bin ein guter Zuhörer.
☐ Stimmt genau (4) ☐ stimmt (3) ☐ eher nicht (2) ☐ überhaupt nicht (1) __

2. Ich habe eine gute Aufmerksamkeitsspanne.
☐ Stimmt genau (4) ☐ stimmt (3) ☐ eher nicht (2) ☐ überhaupt nicht (1) __

3. Ich nehme die Menschen um mich herum wahr.
☐ Stimmt genau (4) ☐ stimmt (3) ☐ eher nicht (2) ☐ überhaupt nicht (1) __

4. Ich habe gute Manieren.
☐ Stimmt genau (4) ☐ stimmt (3) ☐ eher nicht (2) ☐ überhaupt nicht (1) __

5. Ich spüre es, wenn Menschen auf mich ärgerlich sind, selbst wenn sie kein Wort sagen.
☐ Stimmt genau (4) ☐ stimmt (3) ☐ eher nicht (2) ☐ überhaupt nicht (1) __

6. Andere Menschen verstehen, was ich sage.
☐ Stimmt genau (4) ☐ stimmt (3) ☐ eher nicht (2) ☐ überhaupt nicht (1) __

7. Ich frage andere Menschen nach Informationen.
☐ Stimmt genau (4) ☐ stimmt (3) ☐ eher nicht (2) ☐ überhaupt nicht (1) __

8. Wenn ich spreche, sind Lautstärke, Sprachgeschwindigkeit und Tonfall passend.
☐ Stimmt genau (4) ☐ stimmt (3) ☐ eher nicht (2) ☐ überhaupt nicht (1) __

9. Ich mag Menschen.
☐ Stimmt genau (4) ☐ stimmt (3) ☐ eher nicht (2) ☐ überhaupt nicht (1) __

10. Wenn andere verletzt sind, möchte ich am liebsten weinen.
☐ Stimmt genau (4) ☐ stimmt (3) ☐ eher nicht (2) ☐ überhaupt nicht (1) __

11. Ich unterhalte mich gern mit Fremden.
☐ Stimmt genau (4) ☐ stimmt (3) ☐ eher nicht (2) ☐ überhaupt nicht (1) __

12. Ich merke mir die Namen anderer Menschen.
☐ Stimmt genau (4) ☐ stimmt (3) ☐ eher nicht (2) ☐ überhaupt nicht (1) __

13. Ich verstehe mich gut mit anderen.
☐ Stimmt genau (4) ☐ stimmt (3) ☐ eher nicht (2) ☐ überhaupt nicht (1) __

14. Ich erzähle anderen Menschen gern von mir.
☐ Stimmt genau (4) ☐ stimmt (3) ☐ eher nicht (2) ☐ überhaupt nicht (1) __

15. Ich bemerke es, wenn jemand fehlt oder weggeht.
☐ Stimmt genau (4) ☐ stimmt (3) ☐ eher nicht (2) ☐ überhaupt nicht (1) __

16. Ich habe Freunde.
☐ Stimmt genau (4) ☐ stimmt (3) ☐ eher nicht (2) ☐ überhaupt nicht (1) __

17. Ich drücke meine Gefühle aus.
☐ Stimmt genau (4) ☐ stimmt (3) ☐ eher nicht (2) ☐ überhaupt nicht (1) __

18. Ich kann mit Konflikten umgehen.
☐ Stimmt genau (4) ☐ stimmt (3) ☐ eher nicht (2) ☐ überhaupt nicht (1) __

19. Ich verstehe, was andere Menschen meinen.
☐ Stimmt genau (4) ☐ stimmt (3) ☐ eher nicht (2) ☐ überhaupt nicht (1) __

20. Ich respektiere die persönlichen Grenzen von anderen und werde nicht handgreiflich.
☐ Stimmt genau (4) ☐ stimmt (3) ☐ eher nicht (2) ☐ überhaupt nicht (1) __

21. Ich mag Partys.
☐ Stimmt genau (4) ☐ stimmt (3) ☐ eher nicht (2) ☐ überhaupt nicht (1) __

22. Ich spreche klar und deutlich.
☐ Stimmt genau (4) ☐ stimmt (3) ☐ eher nicht (2) ☐ überhaupt nicht (1) __

23. Ich habe Mitleid mit manchen Menschen.
☐ Stimmt genau (4) ☐ stimmt (3) ☐ eher nicht (2) ☐ überhaupt nicht (1) __

24. Ich verstehe, was andere sagen.
☐ Stimmt genau (4) ☐ stimmt (3) ☐ eher nicht (2) ☐ überhaupt nicht (1) __

Auswertung

Übertragen Sie den Zahlenwert jeder Frage in die entsprechende Kategorie (siehe nächste Seite). Wenn Sie z.B. bei der ersten Frage „Ich bin ein guter Zuhörer“ sich selbst eine 2 (stimmt eher nicht) gegeben haben, dann übertragen Sie diese 2 auf der nächsten Seite in die Kategorie „Fertigkeiten des Zuhörens“. Verfahren Sie so mit allen Fragen. Als Nächstes addieren Sie die Zahlen jeder einzelnen Kategorie. Nachdem Sie so den Gesamtwert jeder Kategorie bestimmt haben, teilen Sie diesen Gesamtwert durch die vorgegebene Gesamtzahl der möglichen Punkte.

Wenn Sie z.B. in der Kategorie „Selbstregulierende Kompetenzen“ den Gesamtwert 8 erhalten haben und die mögliche Gesamtzahl der Punkte ist 12, dann teilen Sie 8 durch 12. Das Ergebnis (in diesem Fall: 0,66) bestimmt, welchen Prozentsatz der höchstmöglichen Punktzahl Sie in dieser Kategorie erreicht haben, in diesem Fall 66 Prozent.

Berechnen Sie auf diese Weise den Prozentsatz für jede Kategorie. Dann übertragen Sie diese Werte auf den Ergebnisbogen.

Beobachtungsgabe (Fragen: 3, 12, 15)

___ + ___ + ___ = _____

___ Gesamt ÷ 12 = _____

Zuhörerkompetenz (Fragen: 1, 5, 24)

___ + ___ + ___ = _____

___ Gesamt ÷ 12 = _____

Soziale Kompetenz (4, 9, 13, 16, 21)

___ + ___ + ___ + ___ + ___ = _____

___ Gesamt ÷ 20 = _____

Konversationskompetenz (7, 11, 14, 17)

___ + ___ + ___ + ___ = _____

___ Gesamt ÷ 16 = _____

Empathie (10, 19, 23)

___ + ___ + ___ = _____

___ Gesamt ÷ 12 = _____

Sprachkompetenz (6, 8, 22)

___ + ___ + ___ = _____

___ Gesamt ÷ 12 = _____

Selbstmanagement (2, 18, 20)

___ + ___ + ___ = _____

___ Gesamt ÷ 12 = _____

Ergebnisbogen

	Prozentsatz	*Ergebnis**
Konversationskompetenz	________	________________
Empathie	________	________________
Zuhörerkompetenz	________	________________
Beobachtungsgabe	________	________________
Selbstmanagement	________	________________
Soziale Kompetenz	________	________________
Sprachkompetenz	________	________________

*Siehe Liste der Ergebnisse der Selbsteinschätzung

Ergebnisse der Selbsteinschätzung

Prozentsatz	*Ergebnis*
0 bis 25 %	Starke Hemmungen: Es besteht die Wahrscheinlichkeit, dass Ihre momentane soziale Kompetenz schwerwiegende negative Auswirkungen auf Ihre sozialen Beziehungen hat.
26 % bis 50 %	Schwere Hemmungen: Es besteht die Wahrscheinlichkeit, dass Ihre momentane soziale Kompetenz sehr negative Auswirkungen auf Ihre sozialen Beziehungen hat.
51 % bis 75 %	Moderat: Es besteht die Wahrscheinlichkeit, dass Ihre momentane soziale Kompetenz einige negative Auswirkungen auf soziale Beziehungen hat.
76 % bis 100 %	Akzeptabel: Es besteht die Wahrscheinlichkeit, dass Ihre momentane soziale Kompetenz positive Auswirkungen auf Ihre sozialen Beziehungen hat.

Beispiel persönliche Beurteilungsskala

1. Ich bin ein guter Zuhörer.
☐ Stimmt genau (4) ☒ stimmt (3) ☐ eher nicht (2) ☐ überhaupt nicht (1) __3__

2. Ich habe eine gute Aufmerksamkeitsspanne.
☐ Stimmt genau (4) ☐ stimmt (3) ☒ eher nicht (2) ☐ überhaupt nicht (1) __2__

3. Ich nehme die Menschen um mich herum wahr.
☐ Stimmt genau (4) ☒ stimmt (3) ☐ eher nicht (2) ☐ überhaupt nicht (1) __3__

4. Ich habe gute Manieren.
☐ Stimmt genau (4) ☒ stimmt (3) ☐ eher nicht (2) ☐ überhaupt nicht (1) __3__

5. Ich spüre es, wenn Menschen auf mich ärgerlich sind, selbst wenn sie kein Wort sagen.
☐ Stimmt genau (4) ☐ stimmt (3) ☒ eher nicht (2) ☐ überhaupt nicht (1) __2__

6. Andere Menschen verstehen, was ich sage.
☐ Stimmt genau (4) ☐ stimmt (3) ☒ eher nicht (2) ☐ überhaupt nicht (1) __2__

7. Ich frage andere Menschen nach Informationen.
☐ Stimmt genau (4) ☐ stimmt (3) ☒ eher nicht (2) ☐ überhaupt nicht (1) __2__

8. Wenn ich spreche, sind Lautstärke, Sprachgeschwindigkeit und Tonfall passend.
☐ Stimmt genau (4) ☒ stimmt (3) ☐ eher nicht (2) ☐ überhaupt nicht (1) __3__

9. Ich mag Menschen.
☐ Stimmt genau (4) ☐ stimmt (3) ☒ eher nicht (2) ☐ überhaupt nicht (1) __2__

10. Wenn andere verletzt sind, möchte ich am liebsten weinen.
☐ Stimmt genau (4) ☐ stimmt (3) ☒ eher nicht (2) ☐ überhaupt nicht (1) __2__

11. Ich unterhalte mich gern mit Fremden.
☐ Stimmt genau (4) ☐ stimmt (3) ☒ eher nicht (2) ☐ überhaupt nicht (1) __2__

12. Ich merke mir die Namen anderer Menschen.
☐ Stimmt genau (4) ☐ stimmt (3) ☐ eher nicht (2) ☒ überhaupt nicht (1) __1__

13. Ich verstehe mich gut mit anderen.
☐ Stimmt genau (4) ☒ stimmt (3) ☐ eher nicht (2) ☐ überhaupt nicht (1) 3

14. Ich erzähle anderen Menschen gern von mir.
☐ Stimmt genau (4) ☐ stimmt (3) ☒ eher nicht (2) ☐ überhaupt nicht (1) 2

15. Ich bemerke es, wenn jemand fehlt oder weggeht.
☐ Stimmt genau (4) ☐ stimmt (3) ☐ eher nicht (2) ☒ überhaupt nicht (1) 1

16. Ich habe Freunde.
☐ Stimmt genau (4) ☐ stimmt (3) ☒ eher nicht (2) ☐ überhaupt nicht (1) 2

17. Ich drücke meine Gefühle aus.
☐ Stimmt genau (4) ☐ stimmt (3) ☒ eher nicht (2) ☐ überhaupt nicht (1) 2

18. Ich kann mit Konflikten umgehen.
☐ Stimmt genau (4) ☐ stimmt (3) ☒ eher nicht (2) ☐ überhaupt nicht (1) 2

19. Ich verstehe, was andere Menschen meinen.
☐ Stimmt genau (4) ☒ stimmt (3) ☐ eher nicht (2) ☐ überhaupt nicht (1) 3

20. Ich respektiere die persönlichen Grenzen von anderen und werde nicht handgreiflich.
☒ Stimmt genau (4) ☐ stimmt (3) ☐ eher nicht (2) ☐ überhaupt nicht (1) 4

21. Ich mag Partys.
☐ Stimmt genau (4) ☐ stimmt (3) ☐ eher nicht (2) ☒ überhaupt nicht (1) 1

22. Ich spreche klar und deutlich.
☐ Stimmt genau (4) ☒ stimmt (3) ☐ eher nicht (2) ☐ überhaupt nicht (1) 3

23. Ich habe Mitleid mit manchen Menschen.
☐ Stimmt genau (4) ☒ stimmt (3) ☐ eher nicht (2) ☐ überhaupt nicht (1) 3

24. Ich verstehe, was andere sagen.
☐ Stimmt genau (4) ☐ stimmt (3) ☒ eher nicht (2) ☐ überhaupt nicht (1) 2

Beispiel Auswertung

Übertragen Sie den Zahlenwert jeder Frage in die entsprechende Kategorie (siehe nächste Seite). Wenn Sie z. B. bei der ersten Frage „Ich bin ein guter Zuhörer" sich selbst eine 2 (stimmt eher nicht) gegeben haben, dann übertragen Sie diese 2 auf der nächsten Seite in die Kategorie „Fertigkeiten des Zuhörens". Verfahren Sie so mit allen Fragen. Als Nächstes addieren Sie die Zahlen jeder einzelnen Kategorie. Nachdem Sie so den Gesamtwert jeder Kategorie bestimmt haben, teilen Sie diesen Gesamtwert durch die vorgegebene Gesamtzahl der möglichen Punkte. Wenn Sie z. B. in der Kategorie „Selbstregulierende Kompetenzen" den Gesamtwert 8 erhalten haben und die mögliche Gesamtzahl der Punkte ist 12, dann teilen Sie 8 durch 12. Das Ergebnis (in diesem Fall: 0,66) bestimmt, welchen Prozentsatz der höchstmöglichen Punktzahl Sie in dieser Kategorie erreicht haben, in diesem Fall 66 Prozent. Berechnen Sie auf diese Weise den Prozentsatz für jede Kategorie. Dann übertragen Sie diese Werte auf den Ergebnisbogen.

Beobachtungsgabe (3, 12, 15)
3 + 1 + 1 = 5
Gesamt: 5 ÷ 12 = 0,42 oder 42 %

Zuhörerkompetenz (1, 5, 24)
3 + 2 + 2 = 7
Gesamt: 7 ÷ 12 = 0,58 oder 58 %

Soziale Kompetenz (4, 9, 13, 16, 21)
3 + 2 + 3 + 2 + 1 = 11
Gesamt: 11 ÷ 20 = 0,55 oder 55 %

Konversationskompetenz (7, 11, 14, 17)
2 + 2 + 2 + 2 = 8
Gesamt: 8 ÷ 16 = 0,50 oder 50 %

Empathie (10, 19, 23)
2 + 3 + 3 = 8
Gesamt: 8 ÷ 12 = 0,66 oder 66 %

Sprachkompetenz (6, 8, 22)
2 + 3 + 3 = 8
Gesamt: 8 ÷ 12 = 0,66 oder 66 %

Selbstmanagement (2, 18, 20)
2 + 2 + 4 = 8
Gesamt: 8 ÷ 12 = 0,66 oder 66 %

Beispiel Ergebnisse

	Prozentsatz	*Ergebnis*
Konversationskompetenz	50 %	moderate Hemmungen
Empathie	66 %	moderate Hemmungen
Zuhörkompetenz	58 %	moderate Hemmungen
Beobachtungsgabe	42 %	schwere Hemmungen
Selbstmanagement	66 %	moderate Hemmungen
Soziale Kompetenz	55 %	moderate Hemmungen
Sprachkompetenz	66 %	moderate Hemmungen

Wäre ich ein guter Freund/eine gute Freundin?

Lesen Sie jeden Satz genau und denken Sie darüber nach. Unterstreichen Sie danach entweder „Ja“ oder „Nein“, je nachdem, welche Antwort besser auf Sie zutrifft.

➢ Ich bin kooperativ.	Ja	oder	Nein
➢ Ich bin ein guter Zuhörer.	Ja	oder	Nein
➢ Ich unterhalte mich gern mit anderen.	Ja	oder	Nein
➢ Ich bin hilfsbereit.	Ja	oder	Nein
➢ Ich teile Dinge, die mir gehören, mit anderen.	Ja	oder	Nein
➢ Ich teile meine Zeit mit anderen.	Ja	oder	Nein
➢ Ich würde einem Freund/einer Freundin helfen, auch wenn ich eigentlich lieber etwas anderes machen würde.	Ja	oder	Nein
➢ Ich würde einem Freund/einer Freundin eine eigene Meinung zugestehen, ohne darüber ärgerlich zu werden.	Ja	oder	Nein
➢ Man kann mir Geheimnisse anvertrauen.	Ja	oder	Nein
➢ Ich würde einem Freund/einer Freundin nützliche Ratschläge geben, ohne rechthaberisch zu sein.	Ja	oder	Nein
➢ Ich könnte Ratschläge von einem Freund/einer Freundin annehmen, ohne mich darüber aufzuregen.	Ja	oder	Nein
➢ Ich würde einen Freund/eine Freundin unterstützen, wenn er/sie ein Problem hätte.	Ja	oder	Nein
➢ Ich wäre ein guter Freund/eine gute Freundin.	Ja	oder	Nein

Persönliche Interessen

Markieren Sie auf dieser Liste die Aktivitäten, die Sie gern machen. Bewerten Sie dann Ihre markierten Aussagen auf einer Skala von 1 bis 15. Eine 1 bekommt, was Sie am liebsten machen, und eine 15 die Aktivität, die Sie am wenigsten mögen.

Aktivität oder Interesse	*Bewertung 1 bis 15*
Den Gottesdienst besuchen	___
Fahrrad fahren	___
Zeit am Computer verbringen	___
Kochen	___
In Restaurants essen	___
Hobbys	___
Haustiere	___
Sportliche Aktivitäten	___
Video-/Computerspiele spielen	___
Lesen	___
Schwimmen	___
Spazieren gehen	___
Filme anschauen	___
Bei Sportveranstaltungen zuschauen	___
Schreiben	___
Anderes ______________________	___

Verzeichnisse und Drehbücher

Verzeichnisse

In Verzeichnissen kann man sich Aufzählungen von Themen oder Fakten notieren, an die man sich erinnern möchte, wenn man mit einer anderen Person ein Gespräch führt. Verzeichnisse sind nützlich für Gespräche mit Bekannten oder zu Beginn einer Freundschaft.

Beispiel

Dieses Verzeichnis könnte gesprächsbegleitend verwendet werden, wenn Sie jemanden fragen möchten, ob er Sie zu einem Fußballspiel begleitet.

➢ Begrüßung:
- Hallo, schön, dich/Sie wiederzusehen.
- Hi, wie geht es dir/Ihnen heute?

➢ Kurzer Smalltalk:
- Wie geht es dir/Ihnen denn so? Oder: Wie ist es dir/Ihnen in der letzten Zeit ergangen?
- Was gibt es für Neuigkeiten?

➢ Das Thema einführen:
- Magst du/mögen Sie Sport?
- Bist du/sind Sie ein Fußballfan?

➢ Die Hauptfrage stellen:
- Gehst du/gehen Sie manchmal zu Fußballspielen?
  - Wenn ja: Ich habe zwei Eintrittskarten für ein Spiel am nächsten Samstag. Ich würde mich freuen, wenn du/Sie mitkommen würdest/würden.
  - Wenn nein: Es würde dir/Ihnen sicherlich gefallen. Ich habe zwei Eintrittskarten für ein Spiel am nächsten Samstag, und ich würde mich freuen, wenn du/Sie mitkommen würdest/würden. Es macht großen Spaß!

Drehbücher

Skripte sind ähnlich wie Verzeichnisse, jedoch ausführlicher. Wenn Sie ein Drehbuch verfassen, versuchen Sie Fragen zu verwenden, die eine ausführlichere Antwort als nur „ja" oder „nein" erfordern. Die Fragewörter „wie", „warum" und „wo" sind dafür gut geeignet.

Beispiel

Ich:	Hi, Marty! *(Antwort abwarten.)*
Marty:	Hi!
Ich:	Ich habe gehört, dass du dich für die Fußballweltmeisterschaft interessierst, stimmt das?
Marty:	Ja.
Ich:	Hast du die Spiele verfolgt?
Marty:	Ja.
Ich:	Welches ist deine Lieblingsmannschaft?
Marty:	England.
Ich:	Meine auch, was hältst du von ihrem Spiel?
Marty:	Es gefällt mir sehr gut.
Ich:	Wann hast du angefangen, dich für Fußball zu interessieren?
Marty:	Ich habe schon als Kind gespielt, und jetzt spielen alle meine Kinder.
Ich:	Toll! Ich versuche, ein paar Leute für das Spiel nächste Woche zusammenzutrommeln, hättest du Zeit? Falls nicht, wie wäre es mit dem Endspiel?
Marty:	Nächste Woche habe ich viel zu tun, aber zum Endspiel könnte ich es schaffen. Hier ist meine Telefonnummer, ruf mich einfach an.
Ich:	Okay, ich ruf dich an, tschüss.

Eine ehrliche Selbsteinschätzung

Anleitung

Denken Sie über jede der folgenden Sätze zu Ihren kommunikativen Kompetenzen nach und beantworten Sie sich ehrlich, ob die Aussage für Sie zutrifft! Verwenden Sie Ihre Antworten, um Ihren Erfolg als Sprecher und als Zuhörer einzuschätzen. Benutzen Sie Ihre neuen Einsichten als Richtschnur, um ein besserer Gesprächspartner zu werden.

Als Sprecher:

- ➢ Ich möchte, dass der Zuhörer meine Mitteilung versteht.
- ➢ Ich spreche klar und deutlich.
- ➢ Ich bin in der Lage, während eines Gespräches beim Thema zu bleiben.
- ➢ Ich schaffe sprachliche Übergänge, wenn ich zu einem anderen Thema wechsle.
- ➢ Ich beobachte den Zuhörer und achte auf Signale, dass ich verstanden werde.
- ➢ Wenn ich ein Problem wahrnehme, versuche ich, meine Sprache zu verändern.
- ➢ Wenn die Veränderung nicht funktioniert, frage ich die andere Person, ob sie mir folgen kann.

Als Zuhörer:

- ➢ Ich schenke dem Sprecher meine volle Aufmerksamkeit.
- ➢ Ich versuche, dem Sprecher über Blickkontakt oder dem modifizierten Blickkontakt meine volle Aufmerksamkeit zu signalisieren.
- ➢ Ich unterbreche nicht.
- ➢ Ich warte ab, bis ich mit dem Sprechen an der Reihe bin.
- ➢ Ich formuliere nicht in Gedanken meine Antwort, während die andere Person noch spricht.
- ➢ Wenn ich den Sprecher nicht verstehe, bitte ich ihn um Klärung.
- ➢ Um sicherzugehen, dass ich verstanden habe, frage ich die andere Person, ob ich das, was sie gerade gesagt hat, in meinen eigenen Worten neu formulieren kann.

Was halten Sie von romantischen Verabredungen?

Anleitung

Denken Sie über die Rolle, die das Thema Verabredungen in Ihrem Leben spielt, nach und beantworten Sie folgende Fragen und Hinweise. Verwenden Sie die Antworten, um den für Sie bestmöglichen Verabredungsmodus zu definieren.

1. Erstellen Sie eine Liste mit Ihren persönlichen Interessen und Hobbys.
2. Wie verbringen Sie am liebsten Ihre Zeit?
3. Haben Sie für Verabredungen überhaupt Zeit?
4. Wenn ja, wie viel?
5. Was können Sie jemandem, mit dem Sie ausgehen möchten, anbieten?
6. Möchten Sie bei einer Verabredung eine Begleitung haben?
7. Ist es Ihre Absicht, eine Liebesbeziehung aufzubauen?
8. Würden Sie es vorziehen, nur mit einer Person Dates zu haben?
9. Würden Sie es vorziehen, wenn die andere Person nur mit Ihnen Dates hat?
10. Möchten Sie gern heiraten?
11. Möchten Sie Kinder haben?
12. Würden Sie es vorziehen, jemanden langsam und über längere Zeit hinweg kennenzulernen?
13. Wenn ja, wie würden Sie Ihrer Verabredung oder Ihrem potenziellen Partner/Ihrer potenziellen Partnerin diesen Wunsch mitteilen?
14. Möchten Sie der Person, mit der Sie ausgehen, erzählen, dass Sie AS haben?
15. Wenn ja, wie würden Sie das praktisch umsetzen?
16. Was wäre für Sie wahrscheinlich die größte Hürde beim Verabreden?
17. Wie könnten Sie diese Hürde überwinden?

Persönliche Sicherheitsregeln

Anleitung

Erstellen Sie eine Liste mit allen Orten, an denen Sie Ihre Zeit verbringen. Zum Beispiel Ihr Zuhause, Ihr Arbeitsplatz, Ihre Schule, am Computer, im Shopping-Center, im Lebensmittelgeschäft, beim Arzt oder im Fitnessstudio. Verfassen Sie für jeden der Orte mehrere persönliche Sicherheitsregeln in Bezug auf den Umgang mit Fremden.

Beispiele

Zu Hause:

1. Ich öffne Fremden nicht die Tür, wenn ich allein zu Hause bin.
2. Ich gebe am Telefon keine persönlichen Informationen an Fremde weiter.

Computer:

1. Ich gebe im Internet keine persönlichen oder finanziellen Informationen weiter.
2. Ich treffe mich nicht mit Fremden, die ich im Internet kennengelernt habe.
3. Ich sage jemand anderem Bescheid, falls ein Fremder aus dem Internet versucht, mit mir Kontakt aufzunehmen.

___

___

___

___

___

___

___

___

___

Kommunikationsverhalten

Anleitung

Beobachten Sie das verbale und nonverbale Verhalten Ihres Kindes und machen Sie sich Aufzeichnungen darüber, dann werden Sie bestimmte Kommunikationsmuster feststellen. Das kann es Ihnen erleichtern, zukünftige Verhaltensweisen zu interpretieren. Aber schreiben Sie bitte sowohl erwünschte als auch unerwünschte Verhaltensweisen auf; ebenso gehört dazu, was direkt vor und nach Ihrer Beobachtungsphase geschehen ist.

Beispiel

Sally war heute Morgen beim Frühstück sehr schlecht gelaunt. Das ist ein neues Verhalten, weil sie normalerweise gut gelaunt ist. Sie hat laut geheult, als ob sie wütend wäre. Sie hat ihr Essen weggestoßen und den Kopf nach hinten geworfen. Ich erinnere mich, dass sie, bevor ich sie in ihren Kinderstuhl gesetzt habe, auf den Küchenschrank zeigte, als ob sie etwas haben wolle. Ich sagte zu ihr, dass sie aufhören müsse zu weinen, oder ich würde sie wieder auf den Boden setzen. Sie weinte noch mehr, also setzte ich sie auf den Boden. Sie hörte auf zu weinen und lief direkt zum Schrank und zeigte wieder darauf. Ich bemerkte, dass sie Nudeln zum Frühstück haben wollte und dass sie gerade ihren ersten Tobsuchtsanfall gehabt hatte, um auf ihren besonderen Frühstückswunsch hinzuweisen.

Übung: Körpersprache beobachten

Anleitung

Wählen Sie, während Sie mit einem Freund oder Familienmitglied einen Film oder eine Fernsehsendung anschauen, zwei Schauspieler aus und beobachten Sie diese über 10 oder 15 Minuten lang. Wählen Sie zuerst eine Figur, die im Film „das Gute“, und dann eine andere, die „das Böse“ repräsentiert. Führen Sie Ihre Beobachtungen getrennt durch und vergleichen Sie sie am Ende der vereinbarten Zeit. Lesen Sie noch einmal den Abschnitt „Nonverbale Kommunikation“ im 1. Kapitel „Die Welt sozialer Beziehungen“, und frischen Sie Ihre Kenntnisse auf.

Beobachtung: die Hauptfigur, der Held/die Heldin, der/die „Gute“
Das Gesicht drückt die folgenden Emotionen aus:

____

____

____

Die Körperhaltungen vermitteln die folgenden Informationen:

____

____

____

Über Worte bekommen wir folgende Informationen:

____

____

____

Beobachtung: der/die Gegenspieler/in, der/die Widersacherin, der/die „Böse“
Das Gesicht drückt die folgenden Emotionen aus:

Die Körperhaltungen vermitteln die folgenden Informationen:

Über Worte bekommen wir folgende Informationen:

Gab es bei der Hauptfigur oder beim Gegenspieler Widersprüche im Verhalten oder der Kommunikation? Wenn ja, notieren Sie diese Widersprüche.

Welche anderen Beobachtungen haben Sie gemacht?

Schritte zu einer gesunden Lebensweise: Ernährung und Fitness

Anleitung

Notieren Sie eine Woche lang, welche Nahrungsmittel und Getränke Sie täglich zu sich nehmen, sowie die Anzahl der täglichen Minuten Ihrer Fitnessaktivitäten.

Datum	Morgens	Mittags	Abends	Nachts	Fitness

Schritte zu einer gesunden Lebensweise: Schlafgewohnheiten

Anleitung

Notieren Sie über den Zeitraum von einer Woche täglich Ihre Zubettgehzeit, einen Schätzwert, wie lange es gedauert hat, einzuschlafen; was Sie schätzen, wie oft Sie nachts aufgewacht sind, sowie die Uhrzeit, zu der Sie morgens aufgestanden sind. Daraus ergibt sich Ihre Gesamtanzahl an Schlafstunden.

Datum	Zubett-gehzeit	Wie lange bis zum Ein-schlafen? (Schätzwert)	Wie oft bin ich aufge-wacht? (Schätzwert)	Aufstehzeit	Gesamtan-zahl Schlaf-stunden

Lebenssituation

Anleitung

Lesen Sie sich jeden Satz durch und markieren Sie die Antwort, die am besten auf Sie zutrifft.

1.	Ich würde gern in einer eigenen Wohnung leben.	Ja	oder	Nein
2.	Ich ziehe es vor, allein zu leben.	Ja	oder	Nein
3.	Ich ziehe es vor, mit anderen zusammenzuleben.	Ja	oder	Nein
4.	Ich bin fähig, auf mich selbst aufzupassen.	Ja	oder	Nein
5.	Ich bin fähig, auf meine Sachen aufzupassen.	Ja	oder	Nein
6.	Ich kann meine Finanzen regeln.	Ja	oder	Nein
7.	Ich kann ein Auto fahren oder die öffentlichen Verkehrsmittel benutzen.	Ja	oder	Nein
8.	Ich kann für mich selbst sprechen.	Ja	oder	Nein
9.	Ich habe eine Anstellung.	Ja	oder	Nein
10.	Ich erhalte finanzielle Unterstützung.	Ja	oder	Nein
11.	Ich würde gern ein Apartment mieten.	Ja	oder	Nein
12.	Ich werde Unterstützung brauchen, um allein leben zu können.	Ja	oder	Nein

Wenn Sie gern allein leben möchten und der Ansicht sind, dass Sie dafür Unterstützung benötigen, notieren Sie hier die Hilfestellung, die Sie dafür brauchen.

____

____

____

____

____

____

Körperpflege und äußeres Erscheinungsbild

Werden Menschen, die sauber und ordentlich wirken, bevorzugt? Gibt es in Ihrer Gesellschaft viel Werbung für Seifen, Badeartikel, Kosmetikstudios, Hautpflegeprodukte und Waschpulver? Gibt es bekannte Sprichworte bezüglich Sauberkeit wie z. B. „Ordnung ist das halbe Leben"? Ist Sauberkeit oder der Mangel an Ordnung etwas, worüber häufig gesprochen wird? Werden ungepflegte Menschen mit anderen unerwünschten Eigenschaften assoziiert? Wenn Sie sich nicht an die hygienischen Normen halten, was könnten Ihrer Ansicht nach die Konsequenzen sein?

____

____

Notieren Sie die Merkmale einer gepflegt aussehenden Person aus Ihrem Kulturkreis.

____

____

Wie würden Sie sich im Vergleich zu dieser Person sehen?

____

____

Nachdem Sie Ihren eigenen Stil der Körperpflege mit anderen verglichen haben, sehen Sie irgendeinen Grund, Ihre Körperpflegegewohnheiten zu verändern? Erstellen Sie eine Liste, was Sie alles ändern würden, und notieren Sie dann, wie Sie Ihre Ziele erreichen könnten.

____

____

Worin liegen Vorteile für gepflegt aussehende Menschen, und was sind Ihrer Ansicht nach die Konsequenzen für eine Person mit einem ungepflegten Äußeren?

____

Sensorische Herausforderungen

Anleitung

Notieren Sie Ihre sensorischen Schwierigkeiten, gefolgt von einer Beschreibung der Maßnahmen, die für Sie hilfreich sind, um das Baden/Duschen, das Anziehen und die Körperpflege zu bewältigen.

Beispiele

Sensorische Herausforderung: Ich reagiere hochempfindlich auf das Geräusch von elektrischen Haarschneidemaschinen, die oft beim Friseur benutzt werden.

Hilfsmaßnahme: Ich versuche es zu vermeiden, mir die Haare schneiden zu lassen, aber das führt dazu, dass ich irgendwann ungepflegt aussehe. Ich muss einen Friseur finden, der mir die Haare nur mit einer Schere und nicht mit einer elektrischen Haarschneidemaschine schneidet.

Sensorische Herausforderung: Ich reagiere sehr empfindlich auf den Geruch von Parfüm. Aus diesem Grund vermeide ich Lotionen und Deos. Andere Menschen sagen mir, dass ich manchmal schlecht rieche, besonders bei warmem Wetter.

Hilfsmaßnahme: Manchmal verwende ich Lotionen und Deos ohne Parfüm für empfindliche Haut, und ich dusche täglich, um die Bildung von schlecht riechenden Bakterien hinauszuzögern.

Sensorische Herausforderung: ______________________________

Hilfsmaßnahme: ______________________________

Sensorische Herausforderung: ______________________________

Hilfsmaßnahme: ______________________________

Sensorische Herausforderung: ______________________________

Hilfsmaßnahme: ______________________________

Wohnungseinrichtung

Anleitung

Schreiben Sie die Einrichtungs- und Gebrauchsgegenstände auf, die Sie für jedes einzelne Zimmer brauchen werden. Unterstreichen Sie die Dinge, die Sie bereits haben, mit einer Farbe und die, die Sie noch benötigen, mit einer anderen Farbe.

Beispiel

Küche: Tisch und Stühle, Besteck, Töpfe und Pfannen, Küchengeräte, Geschirr, Handfeger und Schaufel, Mikrowelle, Reinigungsgerätschaften und -mittel, Topflappen, Geschirrtücher, Nahrungsmittel.

Küche: ____

____

Badezimmer: ____

____

Wohnzimmer: ____

____

Esszimmer: ____

____

Schlafzimmer: ____

____

Ein persönlicher Haushaltsplan

Anleitung

1. Überlegen Sie sich zusammgefasste Punkte (z. B. Körperpflege, darunter fallen alle Sachen wie Seife, Deo etc., die Sie dafür gebrauchen) für Ihre Ausgaben, die Ihrem Lebensstil entsprechen.
2. Bestimmen Sie Richtwerte für jede Kategorie. Sie können Gehaltsbescheinigungen, Quittungen, Kontobücher und eingezahlte Schecks verwenden, um diese Summen zu berechnen.
3. Schreiben Sie sich für jede Kategorie die genauen Ausgaben während eines Monats auf. Verwenden Sie ein kleines Notizbuch, einen persönlichen Planer oder elektronischen PDA, um Ihre Ausgaben zu verfolgen. Achten Sie darauf, dass Sie sich immer alles notieren.
4. Am Ende jeden Monats ziehen Sie für jeden zusammgefassten Punkt ein Fazit. Geben Sie zu viel Geld aus, oder haben Sie zu große Summen für jede Kategorie einkalkuliert? Denken Sie daran, dass Sie möglicherweise monatlich manchmal mehr oder weniger Geld für einen Punkt ausgeben, also kalkulieren Sie ein Budget, das es Ihnen ermöglicht, flexibel zu sein. Analysieren Sie Ihre Fortschritte, setzen Sie sich Ziele und nehmen Sie bei Bedarf Veränderungen vor.
5. Falls Sie zu viel Geld ausgeben, müssen Sie entweder Ihr Einkommen erhöhen oder die Ausgaben verringern. Wenn Sie Schulden haben, die Ihren Haushaltsplan beeinträchtigen, suchen Sie eine Schuldnerberatung auf, die Ihnen helfen kann, besser die Schulden zu tilgen. Achten Sie darauf, dass Sie nicht noch einmal in eine solche Situation geraten.

Beispiel persönlicher Haushaltsplan

Gruppe	geplanter Etat	Ausgaben	Differenz
Monatliches Einkommen	2000	1904	+96
Steuern	280	280	0
Erspartes	100	100	0
Ausgaben			
Miete	420	420	0
Mietnebenkosten	150	180	–30
Essen	380	400	–20
Gesundheit & Arzneikosten	50	30	+20
Öffentliche Verkehrsmittel	150	140	+10
Schuldenrückzahlung	0	0	0
Unterhaltung	75	100	–25
Haustiere	0	0	0
Kleidung	100	85	+15
Haushalt/Körperflege	80	84	–4
Geschenke und Spenden	40	45	–5
Sonstiges	50	40	+10

Die berufliche Ausbildung planen

Anleitung

Beantworten Sie jede Frage und geben Sie die Gründe für Ihre Antwort an.

Können Sie sich vorstellen, eine Universität, eine Fachhochschule, eine Fachschule oder ein Berufsbildungszentrum zu besuchen oder eine Ausbildung zu machen?

____

____

____

Würden Sie es vorziehen, an einem Ausbildungsprogramm teilzunehmen und dabei zu Hause zu wohnen, oder würden Sie lieber vor Ort im/beim jeweiligen Ausbildungsinstitut wohnen?

____

____

____

Benötigen Sie spezielle Fördermaßnahmen wie ein Einzelzimmer, eine besondere Diät oder ein Zimmer, das sich in der Nähe der Unterrichtsräume befindet?

____

____

____

Benötigen Sie zusätzlich zu den Angeboten, die allen Studenten zur Verfügung stehen, akademische Unterstützung wie z. B. einen Tutor, mehr Zeit bei Prüfungen, Notizen, die Ihnen zur Verfügung gestellt werden, oder einen strukturierten Unterrichtsplan?

____

____

____

Benötigen Sie zusätzlich zu den Angeboten, die allen Studenten zur Verfügung stehen, Unterstützung im sozialen Bereich, wie z. B. eine Lerngruppe für soziale Fertigkeiten, einen speziellen Mentor, therapeutische Angebote oder veränderte Bedingungen für die Teilnahme an vom Ausbildungsinstitut organisierten Aktivitäten?

____

____

____

Sind Ihre sensorischen Schwierigkeiten so schwerwiegend, dass Sie besondere Hilfsmaßnahmen benötigen, leiden Sie z. B. an einer Überempfindlichkeit gegenüber bestimmten Geräuschen, Gerüchen oder Düften, Bewegungen, Materialien, Geschmacksrichtungen oder Licht?

____

____

____

Glossar

Beobachtungsgabe: die genaue Beobachtung eines Gegenübers; basiert auf bestimmten Fähigkeiten, die man braucht, um Zusammenhänge oder Ereignisse in sozialen Situationen bewusst wahrzunehmen.

Diplomatie: subtile Verhandlungskunst.

Drehbuch/Skript: ein schriftlich festgehaltener Dialog; Anweisungen für eine Abfolge von erwarteten Verhaltensweisen.

Empathie: sich in die Gefühle, Gedanken oder Einstellungen einer anderen Person einzufühlen.

Intonation: die Veränderung des Tones nach Höhe und Stärke beim Sprechen.

Kommunikative Kompetenz: die Fähigkeiten, die es Menschen ermöglichen, klar, deutlich und genau Informationen, Gedanken, Einstellungen und Gefühle auszutauschen.

Monotone Sprache: ein Sprachmuster, das sich durch eine einförmige Tonhöhe auszeichnet.

Nonverbale Kommunikation: der Prozess der Kommunikation, der auf dem Aussenden und Empfangen von wortlosen – durch Gestik und Mimik – Mitteilungen beruht.

Paralinguistische Elemente: Tonhöhe, Lautstärke, Rhythmus, Betonung und Intonation der Stimme; diese Mittel werden vom Sprecher verwendet, um die Kommunikation für den Zuhörer klarer und deutlicher zu gestalten.

Pragmatik: Regeln sozialer Kommunikation sowie Regeln vom Gebrauch der Sprache in unterschiedlichen Situationen.

Selbstbestimmung: das freie Auswählen und Treffen von Entscheidungen, ohne die Kontrolle von anderen.

Selbsteinschätzung: eine reflektierende Überprüfung der eigenen Verhaltensweisen, Gedanken, Motive und Gefühle.

Selbstoffenbarung: das Mitteilen oder Offenbaren von Details, die ein persönliches Thema oder eine persönliche Situation betreffen.

Soziale Kompetenz: die persönlichen Fertigkeiten, die auf den sozialen Regeln einer Gesellschaft beruhen.

Soziale Interaktion: wechselseitiger zwischenmenschlicher sozialer Austausch, wobei jede Antwort oder Reaktion auf den Worten oder Handlungen des vorangegangenen Sprechers basiert.

Soziale Regeln: die sozialen Normen, die den einzelnen Mitgliedern einer Gesellschaft die notwendigen Richtlinien für ein angemessenes Handeln und für eine angemessene Teilnahme am gesellschaftlichen Leben zur Verfügung stellen.

Sprache: ein soziales, gemeinsames und vereinbartes Kommunikationssystem, das verwendet wird, um Ideen, Gedanken, Einstellungen, Tatsachen und Gefühle auszudrücken und mit anderen Menschen zu teilen.

Sprachrhythmus: das metrische Sprachmuster, das in jeder Sprache anders ist.

Technische Hilfsmittel: ein fertig gekaufter, modifizierter oder individuell angepasster Gebrauchsgegenstand oder Gerät oder ein Produktsystem, das verwendet wird, um die funktionellen Fertigkeiten einer Person, die mit einer Behinderung lebt, zu stärken, aufrechtzuerhalten oder zu verbessern.

Unterbeschäftigung: eine Situation, in der eine Person zwar angestellt ist, jedoch unter dem Niveau ihrer vorhandenen Kompetenzen und zu unbefriedigenden Bedingungen hinsichtlich Bezahlung und Arbeitszeiten.

Unterstützte Kommunikation: pädagogische und therapeutische Maßnahmen, die die kommunikativen Möglichkeiten eines Menschen erweitern können.

Literatur

American Heart Association and the American College of Sports Medicine (2007). *Guidelines on Physical Activity.* www.americanheart.org/presenter.jhtml?identifier=1200013 [Stand 23. Januar 2010].

American Heritage® Dictionary of the English Language (2008). *„Hormones“.* Fourth Edition. http://dictionary.reference.com/browse/hormones [Stand 23. Januar 2010].

American Psychiatric Association (2000). *Diagnostic and Statistical Manual of Mental Disorders.* Fourth Edition Text Revision. Washington, DC: American Psychiatric Association.

Asperger, H. (1991). „Autistic Psychopathy in Childhood“. In U. Frith, (Hg. und Übers.), *Autism and Asperger Syndrome.* Cambridge: Cambridge University Press. (Originalausgabe: Asperger, H. (1944). Die „Autistischen Psychopathen“ im Kindesalter. *Archiv für Psychiatrie und Nervenkrankheiten, 117,* 73–136) www.neurodiversity.com/library_asperger_1944.html [Stand 23. Januar 2010].

Attwood, T. (2008). *Ein ganzes Leben mit dem Asperger-Syndrom. Alle Fragen – alle Antworten.* Stuttgart: TRIAS.

Attwood, T. (2010). *Asperger-Syndrom: Das erfolgreiche Praxis-Handbuch für Eltern und Therapeuten.* Stuttgart: TRIAS.

Baird, G., Simonoff, E., Pickles, A., Chandler, S., Loucas, T., Meldrum, D. & Charmann, T. (2006). Prevalence of disorders of the autism spectrum in a population cohort of children in South Thames: The Special Needs and Autism Project (SNAP). *The Lancet, 368,* 9531, 210–215.

Barnard, J., Harvey, V., Prior, A. & Potter, D. (2001). *Ignored or Ineligible: The Reality for Adults with Autism Spectrum Disorders.* London: National Autistic Society.

Baron-Cohen, S. (1989). The autistic child's theory of mind: A case of specific developmental delay. *Journal of Child Psychology and Psychiatry, 30,* 285–297.

Becoming Parents Program, Inc. (2006). *Becoming Parents Program.* Seattle: Becoming Parents Program, Inc. www.becomingparents.com [Stand 23. Januar 2010].

Betts, D. E. & Patrick, N. J. (2006). *Homespun Remedies: Strategies in the Home and Community for Children with Autism Spectrum and Other Disorders.* London: Jessica Kingsley Publishers.

Bolick, T. (2001). *Asperger Syndrome and Adolescence: Helping Preteens and Teens Get Ready for the Real World.* Gloucester, MA: Fair Winds Press.

Bolton, R. (1979). *People Skills: How to Assert Yourself, Listen to Others, and Resolve Conflicts*. New York: Simon & Schuster.

Bruni, O. (2007). Sleep architecture and NREM alterations in children and adolescents with Asperger Syndrome. *SLEEP, 30* (11), 1577–1585.

Bundesministerium für Ernährung, Landwirtschaft und Verbraucherschutz (2011). *Gesund ernähren – wie geht das?* www.bmelv.de/DE/Ernaehrung/Wert-Lebensmittel/GesunderGenuss/node.html [Stand 19. April 2011]

Bundesverband Hilfe für das autistische Kind (2001). *Denkschrift: Zur Situation autistischer Menschen in der Bundesrepublik Deutschland* (5., überarbeitete Aufl.). Hamburg: Bundesverband Hilfe für das autistische Kind e. V.

Bundesverband autismus Deutschland e.V. (2008). *Denkschrift: Zur Situation von Kindern, Jugendlichen und Erwachsenen mit Autismus* (6., überarbeitete Aufl.). Hamburg: Bundesverband Hilfe für das autistische Kind e. V. http://w3.autismus.de/pages/startseite/denkschrift.php [Stand 27. April 2011]

Center for Disease Control and Prevention (2007). *Prevalence of the Autism Spectrum Disorders in Multiple Areas of the United States, Surveillance Years 2000 and 2002*. Atlanta, GA: Center for Disease Control and Prevention. www.cdc.gov/ncbddd/dd/addmprevalence.htm [Stand 23. Januar 2010].

Consumer Credit Counseling Services (2003). Atlanta, GA: Consumer Credit Counseling Services. www.cccsatl.org [Stand 23. Januar 2010].

Derbyshire, D. (2003). Great physicists, „had Asperger's". *Telegraph, 01*. Mai 2003. www.telegraph.co.uk/news/uknews/1428808/Great-physicists-had-Aspergers.html [Stand 23. Januar 2010].

Deutsche Gesellschaft für Ernährung e.V. (2011). *Vollwertig essen und trinken nach den 10 Regeln der DGE*. http://www.dge.de/pdf/10-Regeln-der-DGE.pdf [Stand 19. April 2011]

Field, S., Martin, J., Miller, R., Ward, M. & Wehmeyer, M. (1998). *A Practical Guide for Teaching Self-Determination*. Reston, VA: Council for Exceptional Children.

Fombonne, E., Zakarian, R., Bennett, A., Meng, L. & McLean-Heywod, D. (2006). Pervasive developmental disorders in Montreal, Quebec, Canada: Prevalence and links with immunizations. *Pediatrics, 118* (1), 139–150.

Frith, U. (ed.). (1991). *Autismus and Asperger Syndrome*. Cambridge: Cambridge University Press.

Geller, L. & Cavanagh, J. M. (2005). *Falling Through the Cracks: Services for „High Functioning" Adults on the Autistic Spectrum*. New York: Asperger Foundation. www.aspfi.org/documents/FallingThroughtheCracks.pdf [Stand 23. Januar 2010].

Gleason, J. B. (2001). The Development of Language: An Overview and A Preview. In: J. B. Gleason (ed.), *The development of language* (5th edition). Boston: Allyn and Bacon.

Grandin, T. (1999). *Visual Thinking of a Person with Autism* [Video]. Arlington, TX: Future Horizons, Inc.

Grandin, T. & Barron, S. (2005). *Unwritten Rules of Social Relationships: Decoding Social Mysteries through the Unique Perspectives of Autism*. Arlington, TX: Future Horizons, Inc.

Jørgensen, O. S. (2002). *Asperger: Syndrom zwischen Autismus und Normalität: Diagnostik und Heilungschancen*. Weinheim: Beltz.

Killgore, W. D., Balkin, T. J. & Wesenten, N. J. (2006). Impaired decision making following 49 hr of sleep deprivation. *Journal of Sleep Research, 15* (1), 7–13.

Kirschner, P. A., Sweller, J. & Clark, R. E. (2006). Why minimal guidance during instruction does not work: An analysis of the failure of constructivist, discovery, problem-based, experiential, and inquiry-based teaching. *Educational Psychologist, 41* (2), 75–86.

Klin, A., Volkmar, K. R. & Sparrow, S. S. (2000). *Asperger Syndrome*. New York: Guilford Press.

Kurita, H. (2006). Disorders of autism spectrum. *The Lancet, 368,* 9531, 179–181.

MacDermott, S., William, K., Ridley, G., Glasson, E.& Wray, J. (2006). *A Report Prepared for the Australian Advisory Board on Autism Spectrum Disorders. The Prevalence of Autism in Australia 2006. Can it be Established from Existing Data?* Forestville, NSW: Australian Advisory Board on Autism Spectrum Disorders. http://autismus.com.au/index.php? page=research [Stand 23. Januar 2010].

Mehrabian, A. (1972). *Nonverbal Communication*. Chicago, IL: Aldine-Atherton.

Muris, P., Steerneman, P., Merekelbach, H., Holdrinet, I. & Meesters, C. (1998). Comorbid anxiety symptoms in children with pervasive developmental disorders. *Journal of Anxiety Disorders, 12* (4), 387–393.

National Healthy Marriage Resource Center (NHMRC) (2008). *What is a – Healthy Marriage?* Fairfax, VA: National Healthy Marriage Resource Center. www.healthymarriageinfo.org/ [Stand 23. Januar 2010].

Powell, J. (1990). *The Secret of Staying in Love. Loving relationships through communication*. Allen, TX: Resources for Christian Living.

Preißmann, C. (2007). *Psychotherapie bei Menschen mit Asperger-Syndrom. Konzepte für eine erfolgreiche Behandlung aus Betroffenen- und Therapeutensicht*. Stuttgart: Kohlhammer.

Remschmidt, H. & Kamp-Becker, I. (2010). *Asperger-Syndrom: Manuale psychischer Störungen bei Kindern und Jugendlichen*. Berlin: Springer.

Sutcliffe, R. (2004). *Figure of Speech Dictionary*. Opundo. www.opundo.com/figures.php [Stand 23. Januar 2010].

Tantam, D. (1991). Asperger Syndrome in adulthood. In U. Frith (ed.), *Autism and Asperger Syndrome*. Cambridge: Cambridge University Press.

Tantam, D. & Prestwood, S. (1999). *A Mind of One's Own: A Guide to the Special Difficulties and Needs of the More Able Person with Autism or Asperger Syndrome* (3rd edition). London: National Autistic Society.

U.S. Department of Health and Human Services (2005). *Dietary Guidelines for Americans*. Washington, D. C.: U.S. Department of Health and Human Services. www.health.gov/dietaryguidelines/dga2005/document/default.htm [Stand 23. Januar 2010].

Vocational Assessment (1990). *A Guide for Parents and Professionals*. Washington, D. C.: National Information Center for Children and Youth with Disabilities. www.nichcy.org/Pages/Home.aspx [Stand 23. Januar 2010].

Wang, J. S. & Knipling, R. R. (1994). *Single Vehicle Roadway Departure Crashes: Problem Size Assessment and Statistical Description*. Washington, D. C.: Department of Transportation (DOT HS 808 113). Zitiert aus: Barack, P., David, G. B. & Richter, E. (1998), The sleep of long haul truck drivers: Comment. *New England Journal of Medicine, 338* (6), 390.

Weiss, L. A. Shen, Y., Korn, J. L., Arking, D. E., Miller, D. T., Fossdal, R., Saemundsen, E., Stefansson, H., Ferreira, M., Green, T., Platt, O. S., Ruderfer, D. M., Walsh, C. A., Altshuler, D., Chakravarti, A., Tanzi, R. E., Stefansson, K., Santangelo, S. L., Gusella, J. F., Sklar, P., Wu, B. & Daly, M. J. (2008). Association between Microdeletion and Microduplication at 16p11.2 and Autism. *New England Journal of Medicine, 358* (7), 667–675.

Windle, R. & Warren, S. (1999). *Communication Skills*. [AQ]. Eugene, OR: Consortium for Appropriate Dispute Resolution in Special Education. www.directionservice.org/cadre/section4.cfm [Stand 23. Januar 2010].

Winner, M. G. (2002). *Inside Out: What Makes the Person with Social Cognitive Deficits Tick?* London: Jessica Kingsley Publishing.

Winner, M. G. (2007). *Thinking About You Thinking About Me* (2nd edition). San Jose, CA: Think Social Publishing.

Zook, K. (2001). *Instructional Design for Classroom Teaching and Learning*. Boston: Houghton Mifflin.

Adressen

Arbeitsgemeinschaft Deutscher Berufsförderungswerke
Marketing und PR: Daniela Heinemann c/o Berufsförderungswerk Köln
Sürther Straße 171
50999 Köln
Telefon: 0221 3597-334
Fax: 0221 3597-283
E-Mail: d.heinemann@arge-bfw.de
www.arge-bwf.de

„Asperger-Eltern" – Website speziell für Eltern von Kindern mit Asperger-Syndrom
E-Mail: hallo@asperger-eltern.de
Internet: www.asperger-eltern.de
Diese Website ist eine Information von der „Hilfe für das autistische Kind – RV Nordbaden-Pfalz e. V.", www.autismus-nordbaden-pfalz.de und der „Therapieambulanz Linker Niederrhein", www.autismus-online.de.

Aspergia – Website und Plattform für Menschen mit Asperger-Syndrom
Heike Frank
Fritz-Reuter-Str. 22
24159 Kiel
Fax: 012120 234328
E-Mail: kontakt@aspergia.net oder team@aspergia.net
www.aspergia.net

Aspies e. V.
Selbsthilfeorganisation von und für Menschen im Autismus-Spektrum
Haus der Demokratie und Menschenrechte
Greifswalder Str. 4
10405 Berlin
www.aspies.de

autismus Deutschland e. V.
Bundesverband zur Förderung von Menschen mit Autismus
Bebelallee 141
22297 Hamburg
Telefon: 040 5115604
Fax: 040 5110813
E-Mail: info@autismus.de
www.autismus.de

Bundesarbeitsgemeinschaft Werkstätten für behinderte Menschen e. V.
Sonnemannstr. 5
60314 Frankfurt am Main
Fax: 069 94339425
www.bagwfbm.de

Bundesarbeitsgemeinschaft der Integrationsämter und Hauptfürsorgestellen (BIH)
Erzbergerstr. 119
76133 Karlsruhe
Telefon: 0721 8107-901 und -902
Fax: 0721 8107-903
E-Mail: bih@integrationsaemter.de
www.integrationsaemter.de

Deutsche Behindertenhilfe – Aktion Mensch e. V.
Heinemannstr. 36
53175 Bonn
Telefon: 0228 2092200
Fax: 0228 2092333
E-Mail: info@aktion-mensch.de
www.aktion-mensch.de

Integrationszentrum MAut – Menschen mit Autismus
Schwanthalerstr. 18
80336 München
Telefon: 089 54851-0
Fax: 089 54851-250
E-Mail: info@m-aut.de
www.m-aut.de

Register